开车去柏林

Driving To Berlin

涂 源 ◎ 著

重慶出版集團 重慶出版社

图书在版编目(CIP)数据

开车去柏林 / 涂源著. -- 重庆：重庆出版社，2014.6
ISBN 978-7-229-08088-4

Ⅰ. ①开… Ⅱ. ①涂… Ⅲ. ①旅游指南－欧洲
Ⅳ. ①K950.9

中国版本图书馆CIP数据核字(2014)第106528号

开车去柏林
KAICHE QU BOLIN
涂 源 著

出 版 人：罗小卫
总 顾 问：周 波
顾   问：张永才 管 洪 姜春勇 王 亚
策   划：重庆晨报
责任编辑：陈渝生
责任校对：胡 琳
封面·版式·插画：林 立

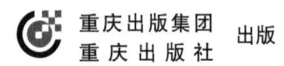

重庆出版集团
重庆出版社 出版

重庆长江二路205号 邮政编码：400016 http://www.cqph.com
自贡兴华印务有限公司印制
重庆出版集团图书发行有限公司发行
E-MAIL:fxchu@cqph.com 邮购电话：023-68809452
重庆出版社天猫旗舰店
cqcbs.tmall.com
全国新华书店经销

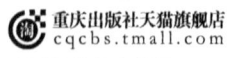

开本：787mm×1092mm 1/16 印张：22 字数：305千
2014年6月第1版 2014年6月第1次印刷
ISBN 978-7-229-08088-4
定价：49.80元

如有印装质量问题,请向本集团图书发行有限公司调换：023-68706683

版权所有 侵权必究

推荐语

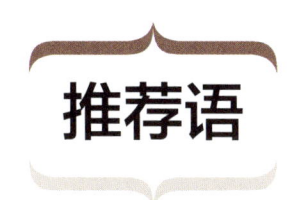

习近平主席提出建设"丝绸之路经济带"的战略构想，给充满神秘色彩的古丝绸之路赋予了新的时代内涵，对促进中国与欧洲及沿经济带各国的友好交往与互利合作意义重大。德国是"渝新欧"、"郑新欧"等国际铁路货运线的终点。去年9月，我在柏林接待了"感知中国·穿越新丝路——渝新欧国际铁路媒体特别行动"记者团。随团的重庆晨报记者涂源是个有心人，他"且行且记录"，将此次独特的自驾行所见所闻付梓出版，其中德国部分更是图文并茂，不妨参考借鉴。

史明德

中华人民共和国驻德国大使

2014年5月于柏林

《开车去柏林》是一次伟大远征的真实记录。这次横跨欧亚大陆的万里征程，意想不到的是由身居祖国西部内陆的重庆人完成的。穿越五国、历时46天的跨国采访报道，创造了新中国新闻史上多个第一。

　　《开车去柏林》记录了作者在白俄罗斯自驾的见闻感受和轶闻趣事。白俄罗斯地处东欧平原西部，气候温和，地域辽阔，农牧业发达，工业基础较好。中白建交以来，两国关系发展迅速，经贸人文交往日益密切。但国内鲜有介绍白俄罗斯的大众读物，《开车去柏林》以作者第一人称的视角，呈现给读者一个直观的白俄罗斯。相信这本书会为促进中白两国的人文交流发挥积极的作用。

　　欢迎读者带着《开车去柏林》到白俄罗斯。如果是自驾，则更能体会到书中的妙处。

崔启明

中华人民共和国驻白俄罗斯共和国特命全权大使

2014年5月25日

　　首先，祝贺"感知中国·穿越丝路——渝新欧国际铁路媒体特别行动"取得圆满成功。《开车去柏林》一书回顾了穿越新丝路"媒体特别行动"多彩绚丽的行程，用简洁活泼的文字讲述了自驾旅游的轶闻趣事。读到波兰货车维修站"活雷锋"女店员卸下自己厂里车上的缸线帮作者一行修车的片段，我不禁对波兰人民的质朴和热情由衷感叹！《开车去柏林》一书无疑是帮助中国读者了解波兰历史文化、风土人情的一次有益尝试，是向读者推介波兰的一扇窗口。

徐坚

中华人民共和国驻波兰大使

2014年5月25日

序

多年之后，有人说起，他去过德国。

你淡淡地说："我也去过。"

他说，他在德国是深度游，时间长达十二天。

你淡淡地说："我，是开车去的。"

OK，情节定格于此，对方睁大了眼睛，你端起一杯茶，抿了一口。

好吧，这是一场臆想，你把对方的深度游秒杀了。

这样的对话，就好比对方说，他有宝马。

你说："我有马。"

关于开车去德国这件事情，已经有很多朋友在我面前露出过极其惊讶的表情了。

我们的旅行，并不是为了给别人惊讶与羡慕，我们只需要在乎自己内心的感受，惊讶，只是因为这一趟很难想象。

但它并非不可实现，其实在我之前，身边就有朋友用房车，单车单人实现了这样的旅程。

有飞机，有欧洲多日深度游，为什么要选择开车去欧洲？

我想，这就是一趟旅行和一次人生经历的区别。

开车去德国，看到的不是一个个城市和景点，更多的是前往这些漂亮景点和城市的路上，难以想到的美丽与体验，是对一个国家更真实的感悟——就算是深度游，看到的，也只是比普通跟团更多的景点而已。

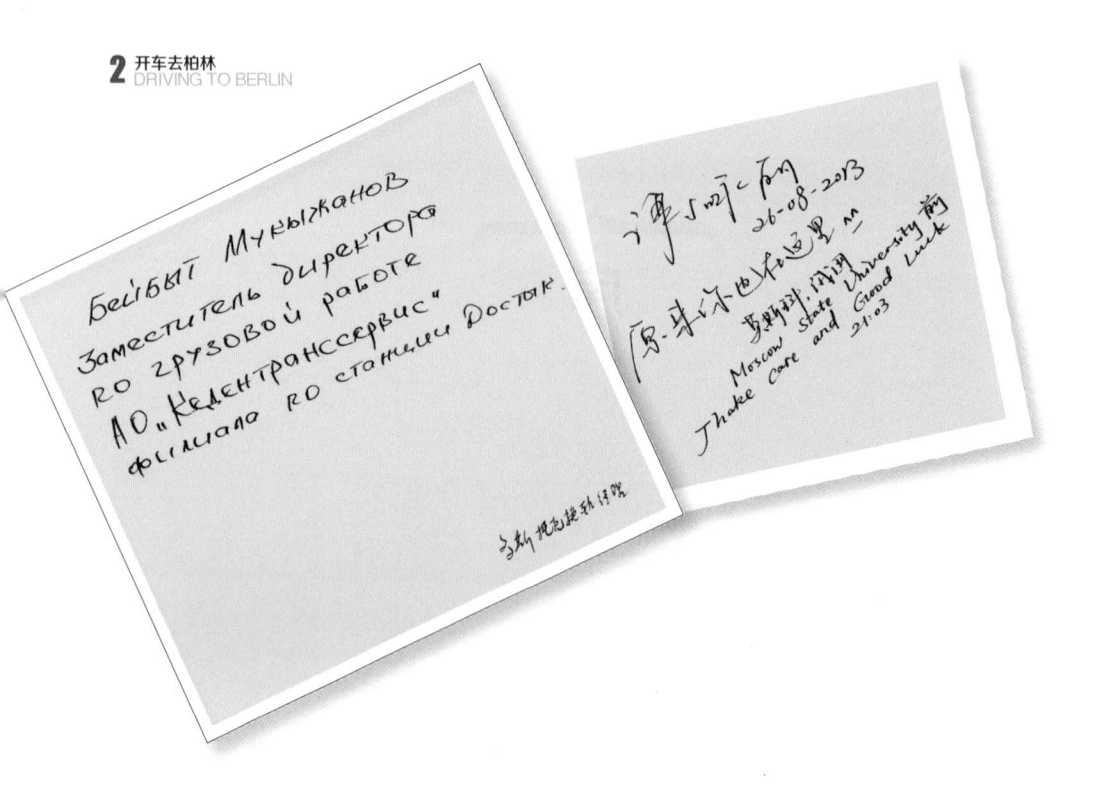

比如德国，深度游也无法真正感受到德国的高速路究竟限不限速，无法亲历这个世界上最早有高速公路的国家的交通状况，也不可能顺道去看看法兰克福车展、柏林消费电子展，沾染这些没有模特儿的展会的气氛。

在哈萨克斯坦的路上，荒漠旁的一个个大湖，湖水中间仙山缥缈，湖边却鲜有人居，如若世外。我顿时觉得，太多人都去绕湖一周骑行的青海湖，相比之下已经美得不那么纯粹了。

在俄罗斯的路上，蓝天白云下，加完中石油5块钱一升的92号汽油，飞驰起来，我每天都看到丰收后的草垛子，卷在一望无边的田野上，此时才真正体会到，这个世界上最大的国家，的确称得上是地大物博。

在白俄罗斯的一个傍晚，途经偏僻的卡廷森林，路边不起眼的教堂，茂密的松树，那段被尘封已久的历史，真相就在你的眼前，森林阴森，汗毛倒竖，你会永远记得这个地方和这段历史。

在波兰的波兹南老城，市政厅的周边一圈，入夜，啤酒屋的桌椅都摆了出来，人

多却并不喧闹，烛光跳耀，喝下一杯店家自酿啤酒，看老城静谧的灯火，暂且忘记了明天就要驶离波兰，只想在这里一直坐下去。

　　每个国家的风景，各有各的亮点。开车去德国，线路是你自己选的，你能看到的那些"点"是不同的，比如俄罗斯，我就没有去到据说最漂亮的圣彼得堡，德国则没有去到慕尼黑和汉堡，这些都是遗憾。

　　不过，俄罗斯我去了喀山，看到了比莫斯科的克里姆林宫更漂亮的喀山克里姆林宫，那里不像莫斯科克里姆林宫，不会听到中文嗓音；我还去了叶卡捷琳堡，踏上欧亚分界线，看当地的军事博物馆；还去了连名字都陌生的车里雅宾斯克，参加了一场当地人的婚礼派对，与新人和嘉宾一起欢笑。

　　线路是自选的，我们可以在目力所及的漂亮景色前停车，我们也可以随时打开车窗，抓拍一个场景。

　　我无法像旅行社一样，把时间精准地撒在一个个的景点上，做到这些"点"都去到，我们是按照既定的自驾线路，看遍这些"线"上的所有美丽。

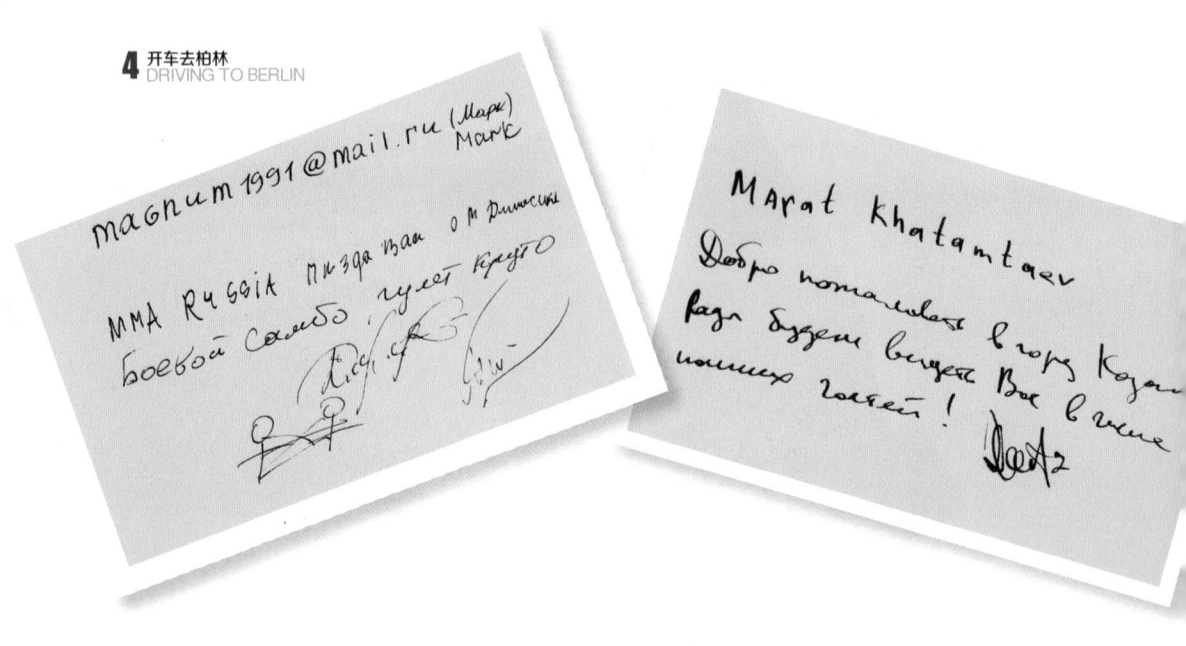

所以，这不是一本景点介绍的书，你能在"度娘"（对百度网的别称）身上找到的著名景点介绍，甚至坐哪路公交车能前往的信息，不属于本书提供的范围，我也不能提供一张最完美的景点照给你。不过，我能让你看到沿途的笑脸和友善，那是你安全抵达终点的保证，而循着这本书，你一定能穿越中国、哈萨克斯坦、俄罗斯、白俄罗斯、波兰，直捣德国深处。

自驾游行程自己说了算，你也完全可以根据自己的喜好来安排线路，你要去哪里，你有车，你自己说了算。

自驾游的路书是渐渐完善的，我相信，你在我这本书之上制订的路书计划，会比我更完美，你能看到的景色，与我也会有很大不同。

好了，除了人生经历，再来说说，我为什么能开车到德国。

开车到德国，如果从我所在的重庆出发，开车最少的路程，也在13500公里以上。这需要做一个非常周密的出行计划，和国内的自驾游想去就去是有很大区别的，选择合适的季节，确定好同行之人，提前几个月做好准备，是非常有必要的。

我的成行，其实并非个人行为。我这趟去，是因为重庆到德国开通了一条货运铁路线路"渝新欧"，作为《重庆晨报》记者，我去探究这条铁路线的价值和意义，

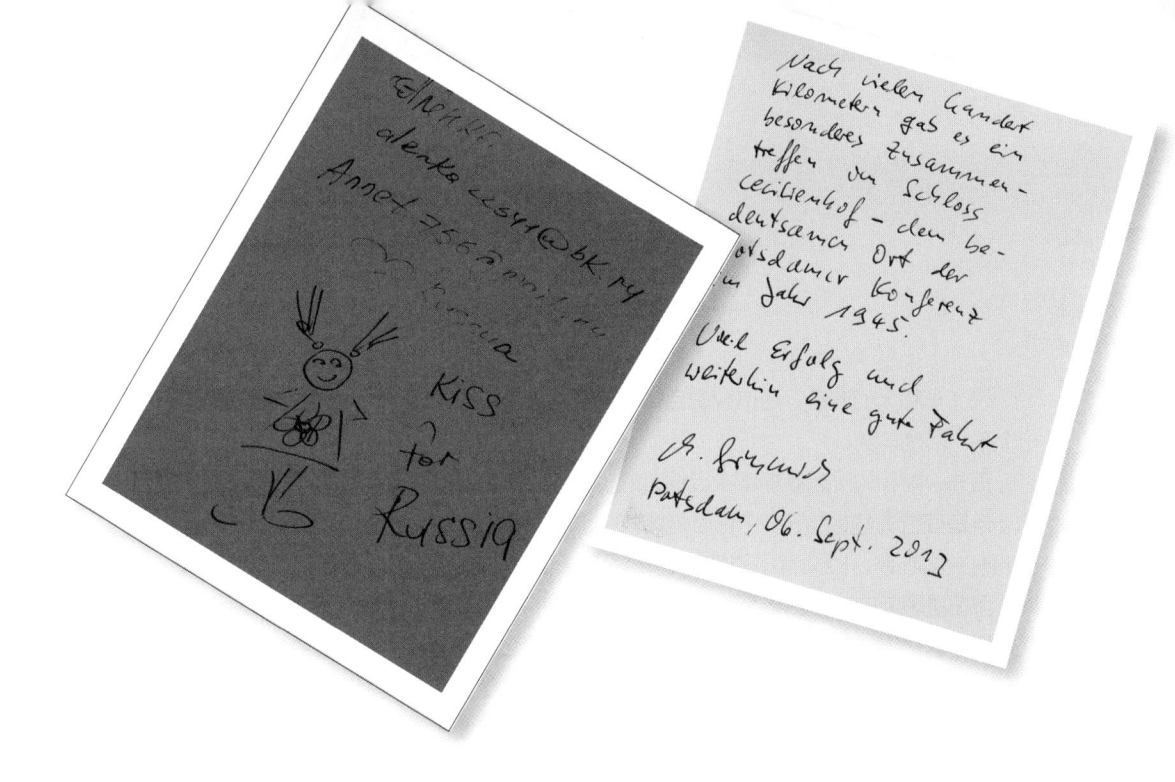

所以，我们走了46天，其中很多时间是用在采访上了。我在书中刻意地将这部分抹去了，因为它对你没意义，如果这些时间能用来游历，你可以制订出更科学的行程。

　　尽管是工作在身，我们在行程制订上还是有一些自由度的。这条铁路线经过了沿线五国的首都，我们的自驾行程，串起了五国的首都，终点是杜伊斯堡，在过程上，我们还是选择了有代表性的节点城市和线路。如果你要开车去德国，我走过的这条线路，它应该是比较靠谱的。首先是安全——安全是你国际自驾游的首要条件；另外，线路是经我们反复筛选过的，除非你有更足够的时间绕道，这条线路是比较合理的。

　　我们把车开到德国之后，是没有开回来的——我们坐的是飞机回来，车坐的是渝新欧返程列车回来。换做是你，可以像我们这样办，车也可以坐船回来，如果时间充裕，你还可以去更多国家，申根签证很好用，你要办的，只是更多国家的驾照公证而已。

　　我没有为你规划一条科学的回程线路，在欧洲腹地，你有多少时间多少金钱，都可以因地制宜确定一个环路，去我没有去过的意大利、希腊（我表示泪奔），比德国好玩的国家多了去了，然后依然从俄罗斯和哈萨克斯坦安全回国。

　　好吧，就啰唆到这里了！让我们开始13500公里的漫漫旅程吧！

车队自驾基本常识

说了车和人的准备，还得说说自驾游的一些最基本的常识，因为你们出去很可能不是一个车，而是车队。

首先，能和你一起参加本次自驾游的，有这个实力和心气的，应该不是等闲之辈，和你一样是有想法有能力的，个性可能比较突出，而你这一趟又是个长途旅行，时间超长，你们有共同志趣，但又有不同性格。既然说好了要一起出去，就要确定负责人，统一指挥，哪怕是事前的准备也要有人拍板，从最初的准备期开始，就算有不同看法，也必须听从指挥，这个出去之前就要讲好。而且任何时候团队之间不要相互讲坏话，行程制订了酒店预订了证件办好了最后没走成，或者行程走不完就散伙了，那就遗憾了。

车队行驶，要遵守交通规则，违章一时快，但被逮住了语言不通就耽误事儿了。听从指挥的安排，严格按照车队序号报数和行驶，一般情况下不要乱超车，更不要开冒险的玩笑，反复无故超车会影响安全，而且会破坏成员之间的团结。

车队行驶时，头车须随时向车队报告前方障碍物、移动物、道路通行条件、里程碑、转弯方向、其他车辆行人的移动情况，并向后车及时提出建议。如果前车老是出错，也会影响团队的和谐，头车需要经验丰富，后车也要对头车的小错误有足够的宽容。

前车应注意后车行驶情况，保持在自己的视线之内，如发现后车有减速或掉队现象，应及时通知车队组织者并同时减速或停车，前车自己及时打转弯灯也是很重要的。

尾车须随时向车队通报尾车是否通过红绿灯等障碍。

技术稍差的车走中间位置，有驾驶员生病或精神不好的一定要第一时间更换。

路况不明，由有导航的、驾驶技术好的车去探路。

就算是团队要尾随通过一个红绿灯，也不能违反交规闯红灯，不要觉得在国外不会被处罚，我们有教训。

任何感觉不安全的地方不能停车，切记！

加连锁加油站的油，德国之前，团队在一支枪上加油，方便结账。

关于自驾游的基本常识网上可以搜到不少，我只介绍上面这些最基本的，最后做一个不知当讲不当讲的提醒：在哈白俄地区行驶，经常都有躲在隐蔽处查超速什么的，查到了会很难走路，建议车队统一准备一些"小礼物"，最好每个车上都放点，你懂的，然后就能走路了。

目　录

推荐语/1
序/ 1
车队自驾基本常识/6

人的准备/6
车的准备/12

国内篇/15

DAY 01　重庆出发/16
DAY 02　麦积堵车家常便饭/19
DAY 03　树少了/22
DAY 04　退化的河西走廊/23
DAY 05　"长城"也有假的/27
DAY 06　天路/33
DAY 07　火焰山的炽热/38
DAY 08　不值得去的天山天池/42
DAY 09　因"运"而生的城市/44

哈萨克斯坦篇/47

DAY 10　驶出国门/48
DAY 11　壮阔风景中开到凌晨3点/53

DAY 12　"高富帅"的卡普恰盖水库/59
DAY 13　与树共存的城市/62
DAY 14　巴尔喀什湖之美/68
DAY 15　天气之变/74
　　　　国菜/77
　　　　首都究竟有多大/80
DAY 16　一座被设计的首都/82
DAY 17　滚滚麦浪/89

俄罗斯篇/93

DAY 18　边境线/95
　　　　俄罗斯人的热情/97
DAY 19　一张罚单/103
　　　　俄罗斯的手机上网/105
　　　　俄罗斯的破车/106
　　　　俄罗斯的飞车/108
DAY 20　"滴血教堂"/109
　　　　电车之城/111
　　　　欧亚大陆在此分割/116
　　　　军迷圣地/117
DAY 21　迷路/120
　　　　晚霞中的文艺范儿/123

DAY 22　10000公里/129
DAY 23　克里姆林宫的凄绝故事/133
　　　　去列宁和托尔斯泰的教室坐坐/140
　　　　卡赞河上的彩虹喷泉/143
　　　　入境手续一场惊/148
DAY 24　遇见伏尔加河/149
DAY 25　一顿火锅/152
DAY 26　森林俄罗斯/155
　　　　"一只蚂蚁"/160
　　　　老阿尔巴特大街/163
　　　　夜游莫斯科河/168
DAY 27　邂逅"莫大"/171
DAY 28　宫/175
　　　　谁的胜利/182
DAY 29　色彩之城/185
　　　　卡廷森林/188
　　　　哪里是边境/192

白俄罗斯篇/195

DAY 30　飞机随便玩/197
DAY 31　欧洲中心/202
DAY 32　看得见的防线/209
　　　　城堡如画/217
　　　　自选晚餐/223
DAY 33　纪念日的要塞/224
　　　　火车头的世界/229

波兰篇/233

DAY 34　昂贵的油价，更好的路/234
DAY 35　复原的华沙/240
DAY 36　没油了/249
　　　　小酒馆之夜/253
DAY 37　惊艳的教堂/256
　　　　缸线烧了/264
　　　　没有边境/266

德国篇/269

DAY 38　畅通柏林/270
　　　　漂亮的波茨坦/274
DAY 39　邂逅德国0-1/278
DAY 40　墙的遗迹/291
　　　　安静的展会/298
DAY 41　感受不限速/301
　　　　汽车的世博会/305
DAY 42　逆世界/313
DAY 43　最后的购物/319
DAY 44　终点/323
DAY 45　没有车模的车展/326
DAY 46　离开/335

后记/336

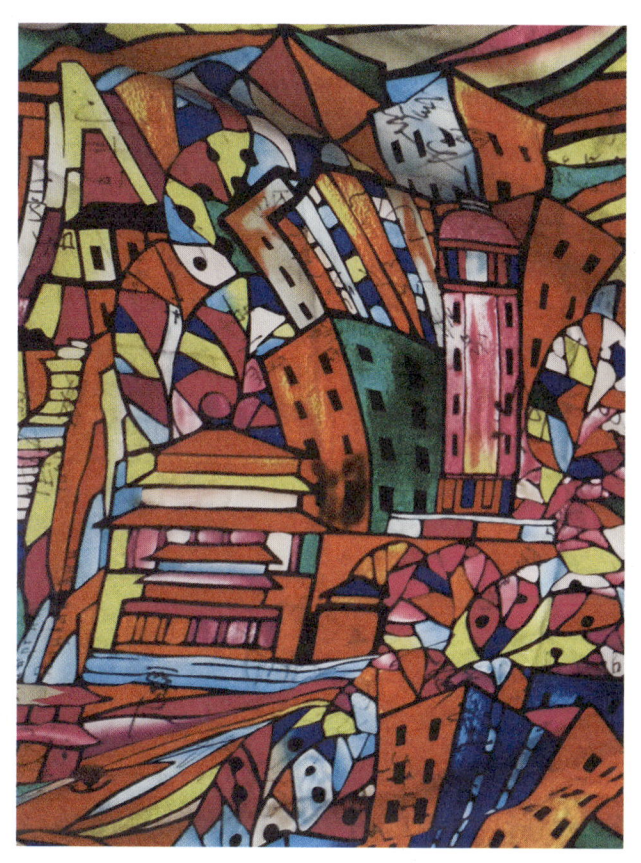

重走丝路，我带着一张重庆艺术家原创的、有重庆地理符号的缀美品牌丝巾，旅途结束，上面已留满了路遇的各国朋友的签名

莫斯科　彼尔姆　叶卡捷[琳堡]
喀山
明斯克
华沙
柏林
杜伊斯堡

46 天

阿斯塔纳
巴尔喀什
赛里木湖　乌鲁木齐
阿拉木图　　　　哈密
哈密瓜园
嘉峪关
兰州
西安
重庆

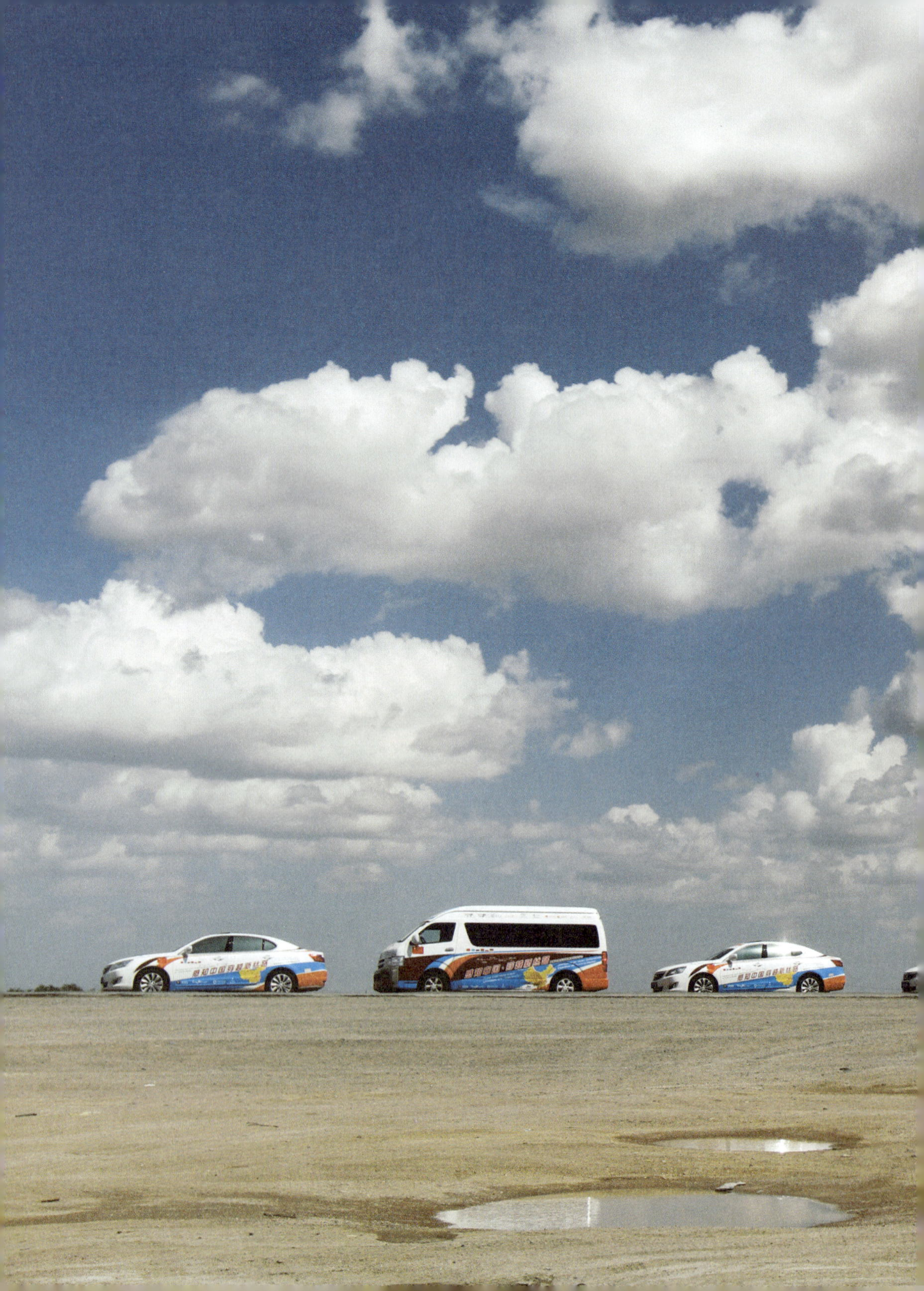

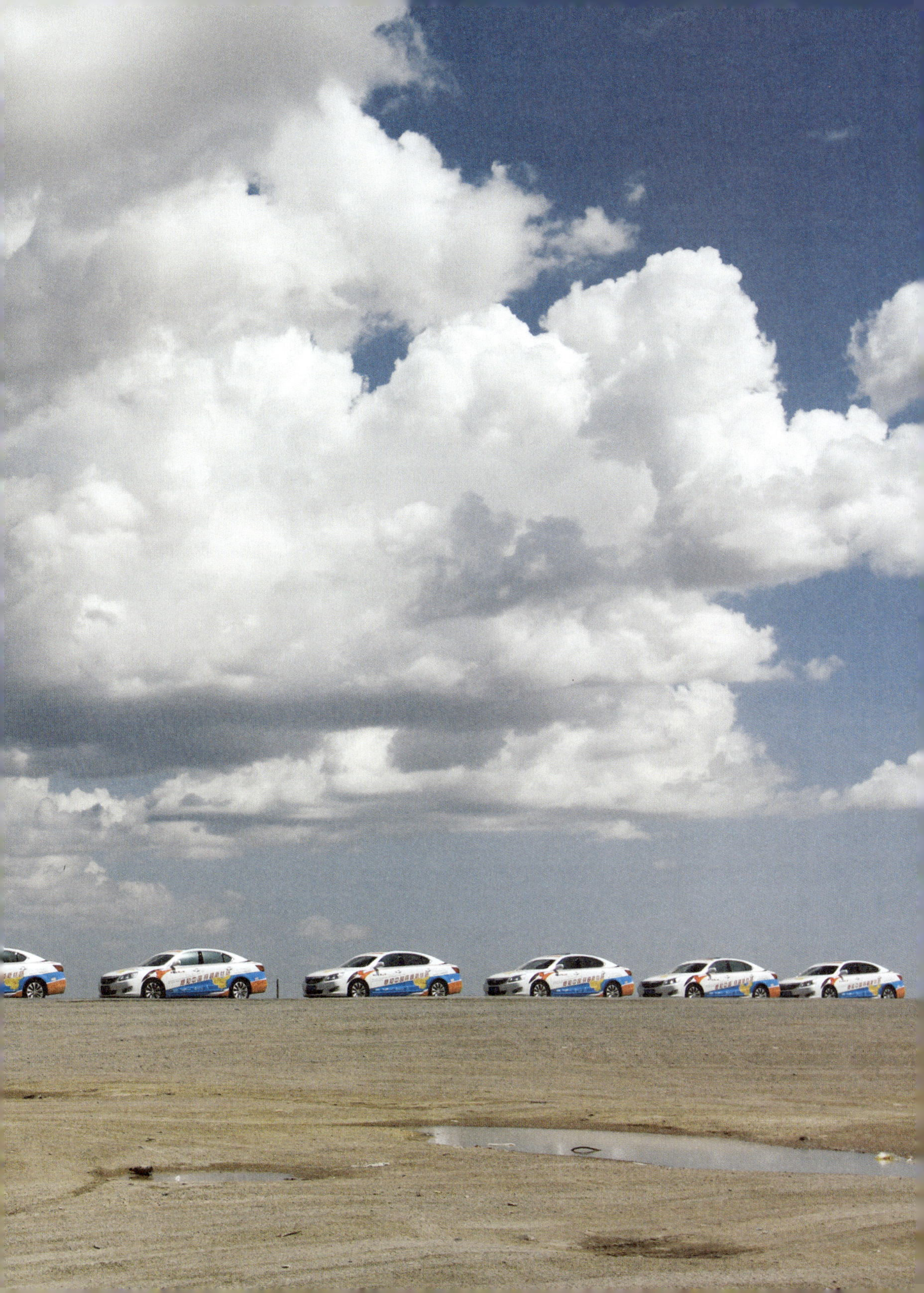

人的准备

这不是一趟说走就走的旅行。

从中国出发前往欧洲大陆，走个环线的话，估计你需要80天以上。你在欧洲最想去的目的地可能不是德国，而是法国、意大利、瑞士、希腊什么的，算着欧洲最好的季节去，建议你可以选六七月份出发。再往后，回中国的时候可能就比较冷，树叶一掉，路上的风景就不那么漂亮了，遇上冰雪路况就更不好办了，对行车安全会是很大的考验。

所以，建议你春季就要开始准备，我们准备了两个月，还算是很顺利了。

准备1：心情

开车去欧洲，这已经不仅是一趟旅行，还将是难得的人生经历。此去往返可能是三万多公里，曾经的自驾游都是"浮云"了，所以，准备一份闲适的心情，是很有必要的，否则你可能还没开出国就想回来了，又或者在路上遇到一些困难就后悔为啥没坐飞机了。

既然安排了这趟行程，就不要在那段时间让自己陷于其他事情中，眼前是绝世美景，手机却用国际漫游处理着棘手事儿，那会让眼前的景色黯淡无光的。

准备2：朋友

只身一人去欧陆，个人是不太接受这种旅游方式的，特别是针对开车这件事情，不是你想不打瞌睡就能清醒的。一个车，我觉得至少有三个驾驶员才是科

学的，每个车的成员以三到四人为宜，两台或两台以上的车，车况差不多，互相有个照应，总人数最好男女都是双数，这一路上的酒店住宿是远远比"如家"贵的，单数很浪费钱。

好的朋友在路上是非常重要的，这决定了你的安全和你的心情，拍照有人帮你按快门，吃自助餐有人帮你看着座位，约定不会爽约的朋友走这一趟，你的旅途会更有趣。

准备3：资金（测算时间为90天）

我们这次出行管账的兄弟，和牵头设计行程的铭鼎国际算了一笔账，此行大致成本是这样的：

油费，如果是排量1.8T左右的车，中国约2000元，哈萨克斯坦约2800元，俄罗斯约1000元，白俄罗斯约400元，波兰700元，德国700元（未跑到边境），也就是说，到德国至少有8000元油钱，如果每个车4人，则平摊为2000元。如果你走90天，油费大约人均4000元，加上过路费，车辆保险费，算起来每人4500元。

签证和代办费，人均4500元左右。这是国外5个国家的价钱，申根区能省点钱。

驾照和行驶证要在你所在的公证处公证，并翻译，理论上说，只准备一份英语版本的公证书即可。但为了保险起见，我们还是准备了俄文和德文翻译件，波兰文的没有翻，原因是这种小语种，公证处找

的翻译公司的价格实在太贵,我们翻俄文和德文的驾照和行驶证公证一人份是400元,英语的费用是减免了的,行驶证一个车只需要翻译一份公证书。

全程住宿、地陪等费用每人约1.6万元,这是测算的全部都是双男双女。如果90天,翻倍算3.2万元左右。

吃饭,如果不是吃干粮,一人一天中午晚上加起来在20欧元左右,有时候是要吃干粮的,90天大约1.2万元。

门票费,这个很难测算,国外很多博物馆是免费的,预计个4000元吧。

能上网用的电话卡,算1000块钱吧,在当地买。

90天的旅程,基础费用一个人约6万元,其他的就是自己的零花钱了。

这是一趟人生之旅,你看到的风景和别人相比远远不同,不能和旅行社的团费来比较,我只提供个大概。

准备4:车的出国手续

车辆要出国,需要有手续,以证明这辆车不是偷的抢的走私的。我们办理的是ATA单证,这个单证能证明这辆车是以某种原因要出国的,它只是一个运输工具而已,还会回到中国的,如何办理这个单证,"百度"比我说得清楚,问"度娘"吧,这里就不啰唆了。

准备5:办手续的时间

前期需要不少时间进行证件和手续等的办理,

必须预留三个月以上的时间，签证实在想要加急，那就找代办吧，俄罗斯2013年对中国团队旅游游客免签，不知道这个政策在此后会不会延续。如果涉及多个国家，建议还是到北京集中办比较靠谱，申根签证不需要每个国家都办。

准备6：路书

制订详细路书，要精确到每一天，制订之后不要随意变动，因为这可能让你预定的住宿跟着进行很大的变化。参加自驾的成员要反复磋商行程，不要在哪一天的行程上冒进，你是去看风景的，不是当驾驶员的，冒进的行程自己难受，也无心看风景了，没意义。

如何安排行程？一是借鉴一下本书，至少是个参考；二是看看网上有没有你这一趟的详细路书；三是看看《孤独星球》，那本书看起来比较费力，你着重看你需要的一段就是了。

强调一下：路程的首要，不是风景多美，而是绝对安全，不要因为要看什么风景，或者走一条近路，而走了治安不好，或者路况不好的地方，不安全，什么风景都没意义。

准备7：交规学习

上网学习一下国外的交规，不仅是少被罚款的问题，最重要的还是安全。

我们这一路上都是左舵行车，这是很好的。行车习惯上最大的注意点，是要尊重路权，无路权的车一定要让有路权的车，比如在进入环岛、从路口进入主路的时候，必须让有路权的车和直行车，否则很可能被撞上，轻则被骂，重则出事。

车要让人，这是铁律。

安全带一定要养成习惯拴上，否则会被警察叔叔抓住的。

又比如开车一定要开大灯，这是国内没有的习惯，不开大灯也可能被警察叔叔过问的。不要开远光灯，不要鸣号，别乱换车道，这个习惯在国内就开始培养吧。

主副驾驶位旁的窗户不可以贴膜。

这一条也算进去吧：在德国之前都是先给钱再加油。

准备8：准备地图

手机下载谷歌地图，百度地图出了国就没用了，如果是诺基亚高端系列的手机，有离线地图更好，还需要一个专门的导航设置，比如Tomtom，在国外要好用得多，方便不要流量地使用。

电话卡出国后要及时买，带网络的那种，可以用来导航和上网查东西。

学习英语问路的基本技巧。

准备9：下载翻译软件

一路上涉及俄语、波兰语、德语，需要下载蚂蜂窝翻译、谷歌翻译等软件，最好找一下与你手机操作系统对应的离线翻译软件，有可能需要软件帮忙。

学习几个最基本的单词和符号是有必要的，因为俄语区一般不会给你标英文的。汽油和柴油要会区分，至少要会看英文的汽油和柴油，90多号的油，一定是汽油不是柴油，国外有92，93，95，97，98，100号油，尽量在连锁店加油，标得规范些。

当然，突击一下英语是很有必要的。

准备10：物资

这里只说最基本的。

信用卡：带master或者visa标志的信用卡，银联标志的卡在国外很可能无法刷，准备一张有银联标志的储蓄卡，在有银联标志的取款机上可取现。国内地方性银行的卡往往都可以在国外免手续费取现，提前办一张吧。

插头：苏联国家是两个圆孔的插座，你要去哪些国家先百度一下那个国家的插孔吧，然后上淘宝入手万用插座，顺便买个接线板。

衣物：多带点是有好处的，我们在8月份的哈萨克斯坦就遇到了穿冲锋衣加抓绒的气候，第二天又穿回短袖了。

药物：常用的都要备一些哦！有时候我们把咖啡

当药，避免打瞌睡，准备一根针，万一野外手指扎进去了刺，有针就能挑刺。

11：预订酒店

提前预订酒店，Booking什么的早点用上吧！越早预定可能越便宜。

12：买份保险

买一份短期的意外伤害保险，以防万一。

13：检查身体状况

不要带病出行。

车的准备

交代一下我们这个团队吧：31个人，9辆车，其中一辆是保障车。

我们的车，不算"好车"，甚至不是料想中的越野车——我们开的是长安自己研发的睿骋轿车，算是中级车，不过是绝对的国货。

这算是给各位的定心丸么？我们开着9辆国产车，飞驰了40多天，到达德国预定的目的地。

如果你的座驾是奔驰宝马大众，甚至于是一辆房车，那关于车，关于轿车，能不能顺利开到终点的问题，就更不需要忧虑了吧！

在车这件事情上，我要先提些建议：

出去的车,排量要稍微大一点,最好是带涡轮增压的。出了中国以后,特别是如果你们是一个车队,涡轮增压的好处立显——在非高速路上,你们要超很多很多的货柜车,排量小了超车风险是比较大的。

我们这9辆车,8辆长安睿骋,1辆金杯面包车。睿骋的排量是1.8T,车上通常是坐4个人,我所在的7号车,坐的是3个人,但空位是拿来分担其他车的行李的,算是满载,而金杯车作为保障车,车上装了很多设备和汽车配件,更是满载。

出去这么久,车上准备的东西很多,我们都没有带拉杆箱,都是用的软包放东西到后备箱,这样方便东西的拿取。到了德国,买个Samsonite的箱子,比国内便宜一半都不止,也算是为家里添一件实用的东西,比较科学。

我们的车,都是新车,新车的好处是没毛病,坏处是基本都没过磨合期。

有时候,路会好得你忘了车还没过磨合期……那是在新疆留给我们的重要印象。

车龄还是不要太长了,太长了总会有这样那样的问题,摆在路上开不动了就是大问题。

我们的车都是带天窗的,可以在车顶摄像,照相也可以,建议车最好带天窗。

不要有任何一辆可能扯后腿的车!如果是一个车队,这一点非常重要!我们这一趟出去,那辆全新的金杯车,就让我们头疼不已,它有一个让人抓狂的小毛病:油表不显示剩余油量。

我们先是在金杯车上装了备用汽油,后来觉得这样不安全,就按照大约每350公里一次的频率,全车队停下来一起加油,因此一路上对剩余油量都不踏实,而且由于9辆车要在一把油枪上加油(后面解释),也耽误了很多时间。

你们出行,应该不会有专门的保障车。如果是车队,车与车的排量差别不要太大,油箱续航里程尽量选接近的,对于油的标号也最好趋同,这样会少很多麻烦。

如果是车队,对讲机必不可少,功率要稍微大点的,并且不能有哪个的电池或者备用电池有问题,电池多备一块有好处,开着开着对讲机没电了,那是很让人着急的。

车上准备一个逆变器,准备着为对讲机充电,很有必要。

如果是车队，确定好头车和尾车，非常重要！事先可以练习一下，头车需要为车队提供路况导航，这是一项长期而艰巨的任务，会消耗头车空闲驾驶员车上打盹的时间，尾车的瞬时速度会超过头车，需要技术过硬的驾驶员组合，这是自驾的常识，不过还是要啰唆一下。

顺带说一句，电子狗的正常工作，是很有必要的！少罚单就少罚钱，最关键是你和警察语言不通的话，那会很不妙。行车记录仪可以用上，有个证据，也可以当摄像机用。

出行前要准备一些随车工具，比如：千斤顶、轮胎扳手、钳子、扳手、牵引绳、强光手电（即可照亮也可防身）、车载点烟器启动的充气泵、一把补胎锥和几根补胎塞条、一个备用油桶、一副40A的电源搭线。

车队里面还要至少有一位对车辆维修有点经验的人，车万一开不动了，能做点基本判断，不至于束手无策。

出发前一个月就要全面检查车况，车况不好就不要出去了。需要检查轮胎(包括备胎)老化及损伤程度，判断磨损程度是否可以完成行程；检查制动系统，考察制动液是否有渗漏、制动液是否缺少；检查电瓶有没有亏电，冷却液、转向助力油、波箱油是否正常。出去之前先做个常规保养，把机油换了。正巧皮带如果到了保养手册要求的更换时间了，在出行前换条新的。

准备一点防身的东西吧，但愿用不上，我们就完全没用上，这一路上很安全。

国内篇 🇨🇳

为了这趟旅行，我们都准备了很久，不管是装备上，还是精神上。

我们要走很久——46天。

我们要走很长——12500公里。

安康到天水　　兰州到嘉峪关

重庆出发　　天水到兰州　　嘉峪

重庆出发

我们，是从重庆出发的。

看这本书的朋友，五湖四海，如果你也开车去欧陆，我们的国内段行程，估计是从兰州才开始重合的，因此，重庆到兰州，只大致给大家说说赶路吧。

开车去德国，这不是一趟说走就走的旅行。

为了这趟旅行，我们都准备了很久，不管是装备，还是精神上。

按铭鼎国际给我们设定的计划，我们也要走很久——46天。

长久的准备终于变成了现实。今天上午，车队在重庆主城区的人和加油站旁集结，惊讶地看到我们40来岁的副团长和老婆吻别，也许大家都会在此刻想到出门前和你拥吻的那个人，在这未来的46天时间，会是怎样。

的确，这是一趟太长的旅程，长得已经不大像我们常挂在嘴边的自驾游，长得像是一场别离，漫漫征程，出国后甚至找网络用微信打电话都艰难。这不仅在考验我们的驾驶技术、车辆状态，也在考验我们的爱人和我们之间的感情，后院稳定，是你此行有快乐心情的保障。

所以，如果你有一趟长途的旅行，出去前，在忙碌准备的时候，多花时间陪陪你的家人吧！在未来太长的时间里，你将无法陪伴她，当你看到旅途的天高云淡，她看到的只是这座城市重复的景致，感受被拿走一个人的孤

DAY 01
7月31日
重庆出发

哈密瓜园　　　哈密到乌鲁木齐　　乌鲁木齐　　　乌鲁木齐到阿拉山口　驶离中国
嘉峪关到哈密

车队出发

寂——你眼前的风景，和她并没有什么关系。

我们出发的时间，是2013年7月31日，上午10点。

车队的每辆车，都是一路接走队员的，因为大家的行李都很多。

第一天的里程不太长，因为我们第一天要磨合一下车队，同时也测试一下我们的座驾，在高速路上车队超车，跑多久需要加油等情况。

首日目的地，陕西安康，距重庆500公里。

紫阳蒸盆子

酸菜面片

酸豇豆洋芋泥

安康蒸面

车队上路

PS：如果早上8点出发，当天是可以拉到西安的。

选择安康歇息，也有一个好处，那就是第二天可以避开进入西安市区，直接从西安的绕城高速就离开了。不进入你不游玩的城市，对于时间的节约是很关键的。开车到德国，国内段的城市，显然不是我们的目标。

沿着渝邻高速驶出重庆，在四川宣汉县高速路下道口随便找了家餐馆吃了午饭，继续上路，当时达州至很远的服务区，竟然都无油可加，只能在万源进城加油，现在估计没这么困难了。

当晚住安康，安康地界的高速路是单向四车道，随便开。

晚饭，当地的安康蒸面、酸菜面片、酸豇豆洋芋泥，都带着一股酸味，应该是这里的标准味道了，总的来说还吃得惯。

国内段的住宿，我这里都不详说了，出行前在携程网或艺龙网预订一下即可，选择面很广。

重庆到安康过路费261元，贵啊！

DAY 02
8月1日
安康到天水

麦积堵车家常便饭

本来，我们第二天的目的地是兰州。

制订长达865公里的日行计划，我们也有些犹豫——这将是这46天的路途中，战线拉得最长的一天，我们一早8点半从安康出发，希望当天晚上10点钟左右能够到达兰州。

赶路！大半个白天，车就在山、桥和隧道中穿行。

到了陕西，才知道什么叫隧道。

途经的第一座长隧道，是包家山隧道，长11公里。

第二座长隧道，是穿越秦岭的终南山隧道，长达18公里，中国公路最长的隧道。隧道里有三处假山假树，还有

这一路的高山峡谷地貌，只在川陕甘才有

驾驶员在景观旁边休息小坐。

　　隧道太长，容易出现幻觉，我们开得都非常小心，不断用对讲机提醒。

　　开这两个长隧道，大家都有在此留影的欲望。

　　值得留影！开车出国后，我们没有经过任何一个能用公里做长度单位的隧道，甚至连在川陕甘这样的高山峡谷中穿行的道路都没有，有山有隧道相伴的道路，你会怀念的。

　　当车队从12公里的麦积山隧道经过后，在离天水30多公里的地方，被堵死在了隧道群中。

　　麦积山隧道群，已经堵车9天，大货车多得出奇，这里的堵车让人绝望——两个小时完全不动，当天到达兰州的计划彻底破灭。

　　下午5点开始堵车，我们被卡在隧道内直到晚上10点钟，只有6号车，因为落在最后，听到对讲机说大堵车后，从临近道口下道，探了一条山间小路，抵达了天水。

　　隧道内兜售方便面的村民很多，隧道里面也满是方便面盒子，村民讲，麦积山隧道群塌方是常有的事情，这里的堵车也是家常便饭。

　　心情很焦急！隧道闷热，又不敢开空调，恐油耗尽。

　　趁着车流久违的一次动窝，我们车队从一座隧道的横通道，折回宝鸡方向，从最近道口下道，顺着完全没有灯光的崎岖山路，按6号车的路径冒雨开往天水。

　　金杯保障车从堵车的车流中拐过横通道非常艰难，车身挂在了路沿上，划出了一米长的刮痕。

　　这条山路非常艰险，我们一直开到了凌晨一点半才到天水的一个招待所。车队中错过了这个横通道掉头的两个车，一直堵到了凌晨3点半才到天水，其中一辆车还被大货车刮了一下。车队每个人都疲惫不堪，长安的师傅连夜更换了我们7号车在隧道掉头时被路沿石划破的车轮。

　　一天开行800多公里到兰州也就成了梦，三辆车带伤，这是很悲剧的一天。

长途自驾制订的行车计划，一定不要冒进，否则就可能车伤人累。

此外，车一定不要带着可能影响安全的隐患前进，我们7号车的伤在前轮侧壁，前轮侧壁受伤是行车的重大隐患。

桥接着隧道的高速路，通行费一定是很贵的。安康到宝鸡市成仓收费站180元，陈仓到天水麦积区的小路下道点48元，天水省道还收了4块钱。

这一天最终开了581公里，如果不去绕山路，应该是550公里左右。

大家开玩笑说，陈仓收费站无法暗度，只有山路才能在黑暗中度过，这一趟的第二天，就给了我们很大一个下马威。

1.遭遇大堵车
2.天水，检查车辆

树少了

开车到半夜，累了。8月2日，午饭后，12点半车队才从天水出发，前往兰州。

天水仿佛是一道景致的分界线，宝鸡到天水沿途都是漂亮的绿树，而天水到兰州，树木明显减少，黄色和绿色参半，地貌也完全不同。

路上有个服务区，叫鸳鸯，而周围又没有湖泊，真不知道鸳鸯何来。

310公里的路程，兰州是晚上6点到的，沿着黄河的北滨路走，仿佛想起了重庆的北滨路，此是黄河，彼是嘉陵江。

兰州的堵车是比较厉害的，天黑了都还在堵，不过这里的天气不再像重庆一样酷热，虽然白天日照很强，到了晚上却是凉爽的。

310公里，过路费94元，从过路费，已经能感觉到桥隧在减少。

DAY 03
8月2日
天水到兰州

庄稼地上的庙宇

荒山下的小树林

退化的河西走廊

兰州，古丝绸之路第一个必经之城，我们从东向西，走的算是新丝绸之路，大家开车去欧陆，兰州应该是必经之地。

从兰州出发，前往嘉峪关，里程长达790公里，我们计划一天拉到。

8点就上了路，出了兰州不到100公里，车就明显少了起来，大货车也不像天水段那样密集了。电子狗侦查，沿

DAY 04
8月3日
兰州到嘉峪关

途的摄像头渐少，可能跟人烟减少也有直接关系，于是，我们把时速提高了。

关于速度这个问题，我只提供真实情况，并不代表提示大家超速！

沿途的景观，又发生了很大的变化：路两边的绿色退化得相当厉害，树木无力绵延，只在一些光秃秃的山下才有一排排的，或者在一些水土丰茂的绿洲上才有。

接近武威，就是古已有之的河西走廊了。从乌鞘岭到玉门关，上千公里的绵延，本应是大粮仓的河西走廊，东段却看不到水土丰茂，荒凉得让我翻手机向"度娘"确认有没搞错河西走廊的范围。

太阳能发电站

度娘说，我没搞错，不过"河西走廊"这个词，这两年总是与"生态退化"相关联，《中国经济周刊》做过《拯救河西走廊》的封面文章。

荒山下面，粮田零星，若非自驾，对于河西走廊东段生态退化，不会像现在这样清晰。

河西走廊上，开始出现大风车，看到太阳能发电，都是成片的。大风把路边的广告牌吹得扭曲，太阳能和风力，在荒漠中让人感受到了另一种生机。生活在河谷、绿洲之地的人们，依靠世代养育他们的土壤，利用新能源技术，延续他们在大漠绿洲的生活。

中午，我们7号车错过了武威下道吃饭，于是在丰乐下道的高速路口找了家餐馆吃饭。

看到墙上的菜单，第一次知道，我们平常吃的"大盘鸡"，居然还有个失散多年的兄弟叫"中盘鸡"！

最终没有点"中盘鸡"，而是点了一斤"炒肉片"。

"炒肉片"，其实就是青椒炒的羊肉片，附送筋斗的粗面条。把羊肉片分作三份，浇在我们三人份的粗面上，味道相当不错！

不过，我们总觉得这还没到新疆，一路吃的面食太多了，对于南方人来说，路上能少吃一顿面食就少吃一顿，因为你后面还会吃很多很多的面食。

吃饱了，找个厕所的百来米路，就觉得太阳晒得皮肤刺痛，紫外线实在太强了！

继续上路，车更少了，速度上到了160。

眼前的景致又有了很大变化：视线变得开阔，沿线虽然多数是荒漠，但也有的地方忽然就是成片的绿意，把这个地方的照片拿来给人看，说成是成都平原，恐怕也能糊弄住人。

这里应该就是河西走廊未退化的景象了，眼前的玉米、小麦、马铃薯，还有开着花的向日葵，都长得茂盛，这和上午大片大片的荒漠，形成鲜明的对比。

"但使龙城飞将在，不教胡马度阴山。"阴山是北方东西走向的大山脉，是汉代北方边防的天然屏障，如果匈奴的兵马打过了阴山，产粮的河西走廊就将沦为敌手。

偶尔能见到古时长城和烽火台的断壁残垣。河西走廊如此广袤，修长城以御敌，这样的想法，需要多大的勇气才能实现？需要多少人力才能建成？宽广天际下，当年的守军会是多么的寂寞，多少御边的诗句，在天大地大的这里，已能自然而然体会到。

下午6点，抵达了嘉峪关市，790公里的路，走得比想象中的要顺许多。

简单吃了晚饭，就想着去嘉峪关城楼，拍大漠落日的照片。

当地一位向导说，嘉峪关的日落，要到晚上8:50。

他的话，对我们形成了误导，我们出发前往嘉峪关时间偏晚，到了嘉峪关城楼

的时候，太阳已经落山了——八月初太阳落下嘉峪关外大漠的时间应该是晚上8:30。

嘉峪关城楼正在进行很大规模的维修，就算白天到，也是进不去的。

好吧，注定我们这一路都要遇到许多"正在维修"，就在城楼外追古忆今吧。"大漠孤烟直"，"长河落日圆"，"西出阳关无故人，羌笛何须怨杨柳"，各种词句，都冒了出来。

苍茫大漠，夕阳如血。

这一天790公里，过路费215元，越荒凉，每公里的费用越低。

1. 嘉峪关城池前的亭子，映衬着戈壁苍茫
2. 黄昏中的嘉峪关

"长城"也有假的

开了四天的车,说的基本上都是"路",该休息一天了。

上午,研究了一辈子嘉峪关的吴生贵先生,给我们讲解着他理解的这座自古的关口。

午饭是在陶然居吃的,这是重庆餐饮奇女子严琦开的连锁餐馆,在重庆很出名,没想到能在嘉峪关吃到久违的重庆味道,胃爽到顿时"满血复活"了。

下午,吴生贵先生带着我们去关外。

关外一片苍茫,没什么路标可循,老先生想要带我们去看一座古时的烽火台,却带错了路,没能和我们租的皮卡车接上头。

老先生执意要我们从几公里外走向烽火台,大家都打了退堂鼓——虽然大家都带着足够的水,但在太阳暴晒下走这么远,可不是件轻松的事儿。

苍茫荒漠上,只要走出个百十米外,人影就显得那么的渺小,总感觉会被这荒漠吞没,像水汽一样在人间蒸发。

古时,往来于丝绸之路的人们,是如何克服随时都会有的死亡威胁,在这白天炽热夜晚寒冷的茫茫戈壁上,把那点丝绸运到西域的?丝绸需要卖到多高的价钱,才能抵消这随时都会夺命的戈壁的威胁?

"嘉峪关以前的道路还在,这个关卡是走兵的,而嘉峪关还有个副关,这是当年的商道,我们现在还能看到以

DAY 05
8月4日
嘉峪关

前车辙辘留下的印记。"吴生贵指着地上浅浅的印记说，"这里其实有四道印记，两道是车辙辘留下的，一道是牛马骆驼留下的，还有一道是人走出来的，沿着印记走，就能走到前方的驿站以补给粮草。"

只有驿站，也可能要迷路，吴生贵说，商人们除了看车辙辘地前进，还约定了一个规则：沿途设立石堆，如果左边有石堆，说明前方有路；而如果左右都有石堆，说明前面有路还有水源，往来的商贩，看见石堆，都会往上面加一颗石头，以求平安，石堆越垒越高，成为大家很远就能看见的标志了。"他说，现在都还有少量的这样的石堆遗存。

看来，为了古丝绸之路，往来的商人个个都是活雷锋。

时间还早，去了嘉峪关博物馆。

推荐去这个博物馆，在这里，可以了解古代长城是如何防御外敌的，比如用虎落、铁蒺藜防止骑兵，用沙土的天田侦察敌情，用烽火和鸣炮传输敌军数量多少的信息。

1.人，车，荒漠
2.3.4.荒漠中干干的花

在这里，能看到清康熙五十六年的关照，相当于现在的护照，好大一块！

这里存留的彩砖上面画着古人烤肉、烤羊肉串的生活场景，羊肉串历史很是悠久啊！

难得的是，在这里发现了林则徐写的一副对联。

钦差大臣林则徐当年前往广东的时候，万人叩拜，好不威风。鸦片战争战败，林则徐被发配到嘉峪关，在这抵御外来入侵的前沿阵地，想到沿海已经被强敌从海上击破，悲从中来，对跟随多年的部下说，他看到了两样雪白——一是远处的雪山，二是自己满头的白发。

嘉峪关天黑得晚，还有些时间，我去了嘉峪关悬臂长城。

嘉峪关的景点大多与长城有关，且都离市区很近。

"悬臂长城风景区"到了，当地带路的朋友好心提醒，千万不要去错了地方，这个悬臂长城是近年来一个老板人造的，不是原来的悬臂长城。

我的个天，长城还有假的！

更离谱的是，由于假的悬臂长城离城更近些，不少游客在这里就被截流了，假悬臂长城的人还多些！如果不是有提醒，我们也可能搞错。

继续往前开，才到了真正的悬臂长城。

所谓悬臂，是因为山崖陡峭，已经成45度了，若凌空倒挂。

如此坡度，悬臂长城走起来相当累人，歇了几次才爬到顶部，举目一望，才感觉到修这座长城的意义所在：至少十公里外都是看得清清楚楚的，周遭就这个山头高点，胡马从哪里来，都会在视线范围内。

这里也可以俯瞰11公里外的嘉峪关市。

下山的时候，看到一位香港同胞从长城边的石阶上滚落摔伤，口中带血，家人守在旁边，我们也一直等到了救护人员赶到。这陡峭的长城，行走可要当心啊！

1.近年人造的悬臂长城
2.真正的悬臂长城

开车去柏林 **31**
DRIVING TO BERLIN

嘉峪关长城上的我,在拍啥?

DAY 06
8月5日
嘉峪关到哈密

天路

嘉峪关的休整，让我们有了更多力气上路，对于日行多少公里的计划的制订，也显得从容了，反正路好了，车少了。

甘肃嘉峪关到新疆哈密，610公里，此前跑过一天790公里，610公里就不算什么了。

早上出发后不久，我就将速度提到了170公里/时，瞬间速度190公里/时。

再次申明，不建议大家超速！

"春风不度玉门关"，玉门一过，感觉风大了起来。

那不是春风，是荒漠之风，沿线的风力发电机也密集了起来。

一直疑惑，大风车为何只有三个细细的叶片，再大的风，转速也这么低。

有一个路牌，一直不敢直视——敦煌！

由于我们时间所限，敦煌成为了此行的第一个遗憾——没去。

从瓜州到敦煌莫高窟，里程是120公里，如果时间更宽裕的话，你当天一大早出发前往敦煌，参观后连夜赶往哈密，应该是可以办到的。

中午在瓜州县柳园服务区吃的午饭。太快的车速，前挡风玻璃上小飞虫的尸体，白水是刮不干净的，加油站都把玻璃水放在最显眼的地方卖，赶紧处理一下，180公里左右的车速，前挡风玻璃看不清楚是很难受的。

柳园服务区周围的山，都是黑色的，草都不长一根。据说，这是因为暴露在地表的岩石和碎石表面的水分蒸发时，将所溶解的铁锰化合物残留下来，暴晒和磨蚀后乌黑发亮。

柳园属极旱荒漠地区，年降水量83.7毫米，蒸发量高达3140.6毫米，8级以上大风天气200天，为数不多的抗旱植物红柳装扮着黑戈壁，高速路旁立着"极旱保护区"的牌子，让人感受到了生态的脆弱。

为了防止午后打瞌睡，泡上了提神的盛实元参花茶，准备用开水泡茶，结果茶不

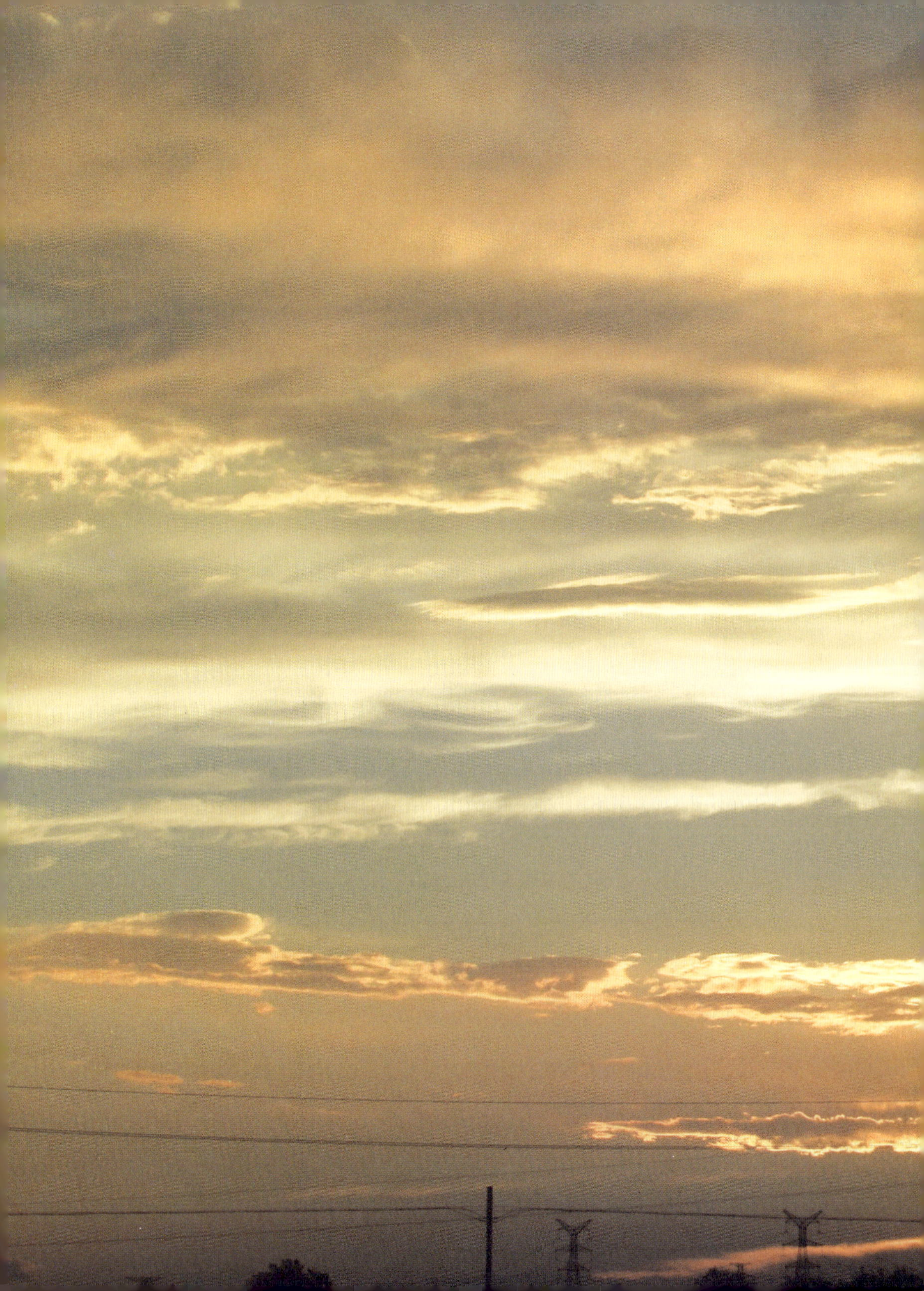

哈密晚霞

哈密瓜10块钱3个，另送一个！

哈密的哈密瓜园

好大一个"瓜"

能喝了，因水是咸的！

据说，这里的水每吨成本高达30元！买矿泉水吧。

离开柳园，车旁的黑戈壁渐少，翻过一个不高的山坡，眼前的景象，豁然开朗！

这仿佛一个没有尽头的长下坡，道路两侧，没有了大山，只有一望无垠的红色砂土和浅浅的山丘，高速路在这无边的大景中笔直向前，路的端头接着的就是天，就是云！

此时，只想一脚油下去，轰出一个涡轮增压的感觉，若时速100公里，在这条路上，简直都不好意思开！

天路连天，多日来极端劳累的身体，也在这一刻得到了释放，人仿佛就是这无尽大美中的一只飞鸟，贴地飞翔。

且慢！午后出发前，车队人人互相提醒：柳园出发，一定要小心横风！八级大风下，车辆操控性会大打折扣，搞不好就会出大事！

行车中，确实感觉到车身时有波动，加上沿途超越的几乎全是满载的大货车，就算是自驾老手，也要当心！

忘了说，我把油门踩到了底！

总要提醒，我不建议大家超速，哪怕周围的车都开的160……好么？遇到雷达监测，还是减下速，好么？提醒，减速不能太猛，因为如果后面有车，车速也很惊人。

瓜州到新疆的星星峡，这条通车不到一年的高速公路，是我这辈子开得最爽的一条路。以前从兰州到乌鲁木齐，在星星峡这里经常堵车。

很奇特的是，高速路旁不断出现一个个调头标志，指向是身后近千公里外的兰州，调头标志的前面，确实能看到有连接双向车道的"U"型车道。

这条高速路双向车道之间，隔开了20米左右，设立调头道，有的车辆确实有这个转弯半径，但想想觉得危险性也不小，估计是考虑这里的车行视线相当好，几公里外就能看见有车调头，才敢在开车最爽的高速路上设调头道吧。

调头不建立交桥，路旁的P字符号下，也基本没有任何的附加标识，比如餐饮、加油等，主要的作用，是给沿途的载重大货车加水换胎的，里面停的也只有大货车。

这也证明，在柳园吃午饭是正确的。

610公里开到哈密，过路费136元，算便宜了，哈密下道没有收费站。

到了哈密，当然要吃哈密瓜了！采摘季节的尾声，开车到附近的哈密园，发现已经关门，就在路边买了瓜农车上的瓜，10块钱3个，买了9个，热心的老板还送了3个。

甜度，只能说是一般。其实最好吃的哈密瓜，是在新疆鄯善和吐鲁番一带，哈密和瓜州都不是哈密瓜最正宗的产区。早在1000多年以前，新疆已有哈密瓜的种植，被列为贡奉皇帝的珍品，最初是在吐鲁番盆地一带，但从这里运往皇宫太费劲了，逐渐引种，先是引种到哈密一带，后来还引种到了酒泉一带，但味道并不如吐鲁番盆地的好。

火焰山的炽热

DAY 07
8月6日
哈密到乌鲁木齐

当我习惯了160,180的车速,就觉得日行600公里不算什么了,几个小时而已。

哈密出发,目的地乌鲁木齐,我们走的不再是高速路,而是国道了。

国道的路况,绝大部分和高速路无异,也有护栏,好处是收费便宜了很多。

哈密加油站要求随车人员全部下车才能加油,加油站外还有警戒绳。

1. 鄯善路况与山势
2. 火焰山地貌

出发，山多了起来，道路不像前一天的天路那样笔直，但两边的风景，依然壮美——进入新疆，通过高速路两边地貌变化去观察，景色都可以用壮美来描述，正如江南之秀美。

进入鄯善地界，路边的山有了棱角，黑黑的岩石，在蓝天白云下，对比强烈。

午后抵达鄯善吐峪沟服务区。这里的天气真是邪门，刚才还吹得车身摇晃的风，一下子就没了，一丝儿风都没有！闷热，只有钻进房子里面才稍微凉快点。

还是大盘鸡拌粗面，45块钱一份的中份，够三人吃，味道好，但面食，哎，已经吃到不想再吃了。

旁边有卖水果的，称了一串葡萄，我的个天，这是我吃到过的最甜最甜的葡萄了！新鲜葡萄都有葡萄干的味道，吃了十来颗，就甜到伤心，不敢再吃了！

到了鄯善吐鲁番，一定要吃葡萄和哈密瓜！出发后，看到路旁有不少晾葡萄的阴房。

出了吐峪沟，不到半小时，山的颜色忽然变红了，红得很正，有的如熔岩下泄，有的如炭火烤裂，感觉地下有火在烧。

路标显示，离火焰山还有5公里，而实际上，那是标的火焰山核心景区，此时，你就应该举起相机，打开窗户，在炙热的风中，开始远拍这片火烧的岩土了！

火焰山，中国的热极，极端高温49.6℃，地表温度83.3℃！我们经过的这天，火焰山预报的最高温度是41℃，夜间25℃，这里超过35℃的日数在100天以上！

高速路离火焰山核心区很近，眼前"一块"几十个足球场长的岩石，在阳光下泛着红光，寸草不生，有的岩石尖上还有烤黑的痕迹。一路陪我拍照的三星盖世3手

机，在我把它放在地上一分钟后，烫到拍照功能暂时失灵了！

火焰山的地貌与干蒸的热气，独一无二，怪不得《西游记》能把这里想作是妖怪出没之地。

火焰山的红色，随着车轮的飞驰，渐渐变淡，达坂城的风车阵，即将到来。

这一路上拍了很多风车阵，达坂城的风车阵是最出名的，也确实很壮观。这里的风车阵不在山口，而是在很开阔的一片土地上，风车多，没有栏杆，一眼望去，气势惊人。

达坂城的姑娘呢？等着你下次去看吧！我只能看着一片水草丰茂的地方，臆想一下了。

过了达坂城，乌鲁木齐就近了。

乌鲁木齐是要收进城费的，小车日票7元，在进城必经之路上买，买了放挡风玻璃后面。

乌鲁木齐，比京城都堵！据说与修高架桥和设BRT专用道有关。

1.蓝天白云达坂城
2.达坂城的风车阵
3.平生吃过的最甜的葡萄

当天新疆国道收费站和通过时间如下：（合计57元）

二堡　　4元 10:38

一碗泉　　8元　11:25

鄯善东　　5元　13:03

吐峪沟　　5元　13:36

小草湖　　20元　15:40

土乌大高等级公路 盐湖　　10元　16:34

土乌大高等级公路 乌拉泊　　5元　17:47

不值得去的天山天池

　　一直觉得，有的所谓的著名景点，是不值得去的，比如"蝴蝶泉"，去了发现是个小池塘，脏乱小；又比如康定的跑马山，"跑马溜溜的山哟"，歌唱得那么美，去了啥也没有，就一山头。又比如，天山天池。

　　到达乌鲁木齐，车需要做一个保养（出发前车先跑了1000多公里），再往前走就没有长安的4S店了。

　　你若是开车去欧洲，也建议在出国门前找地方做个常规保养，乌鲁木齐4S店比较全。

　　车做保养，两位乌市开餐馆的重庆老乡，带我去了新疆国际大巴扎，名气很大的地方。

　　所谓巴扎，就是集市，大巴扎就是大集市。

　　大巴扎并没有想象中的热闹，商户卖的商品有散装食

DAY 08
8月7日
乌鲁木齐

1.天池
2.两位重庆老乡为远道而来的我准备了好大一桌菜
3.新疆国际大巴扎

品、工艺品等，我在这里逛了半个小时，什么也没看中。

乌鲁木齐的堵车状况让我害怕，我们7号车的三个人一合计，决定去城外的天池。

"七剑下天山"成了小说和电影，貌似天山就应该有点武侠之气。恰逢天池正在搞"天山论剑"，新闻都播了，但毁誉参半，说是参与者号称各门派掌门人，而很多门派并无掌门人，且论剑者着奇装异服，还差点败在观众手上。

不到一个小时开到了天山，天山天池门票加区间车费，170元一个人。

上山的路沿途有几个小池子，走了这么多天的戈壁，在这里看到榆树成片的溪谷和绿油油的山，算是难得了。

20分钟到了下车点，继续往上走，就是天池了。

到天山，其实就一个景观——天池，看天池也只有一个角度，那就是在天池前面，远望山谷背后的雪山，"咔嚓"，来一张。

这样的景观，总觉得似曾相识，有点像九寨沟的长海，天池和许多大湖比起来，实在太小，颜色层次也远比不上长海。

在这里拍婚纱照的不少，拍天池照的，也都集中在一个角度拍。

天山论剑的舞台，就在天池旁边，台子小得不成样子，不像高人能待的地方。

天公不给力，等了一个小时，也没等到太阳露脸，天池唯一角度的照片，也不完美，悻悻下山。

因"运"而生的城市

中国哪座城市最新呢？阿拉山口算一座吧，2013年7月22日市政府才组建。

我们出国门前最后的一段路，从乌鲁木齐到阿拉山口。

新疆出关的口岸较多，我们选择阿拉山口出关，一是因为这也是我们探访的渝新欧铁路出关的口岸，二是因为其通货量占新疆口岸的一半，办事节奏快。

我所知道的一个朋友，此前是开车从霍尔果斯口岸出关前往欧陆的。霍尔果斯口岸是中国人出关更常去的通道，那边怎么个走法，我没有亲自去，不敢给你提建议，

有纪念意义的标语

不过在卫星地图上看，那边确实是要繁华得多，汽车应该比较好走。

乌鲁木齐出城非常不顺，导航导出来条条都是在修的断头路，最终找了出租车带路。

原本以为530公里的路程不算太痛苦，一上午的折腾，时间就紧张了。心情一焦躁，我把眼镜忘在了吃午饭的小摊点上。

好不容易上了高速路，不过断断续续在修，时不时就得绕到312国道上去，货车多！312国道有的路段又无缝连接着G30连霍高速，让人摸不着头脑。

离精河下道口约150公里的时候，路况非常好了，我开了此行最后一段，180的时速，一直开到了博乐州。

由于当天是开斋节假期，高速路全部免费了！"人品大爆发"啊！

精河下道，第一件事情，赶紧去配一副眼镜，出国后配眼镜会是鸡同鸭讲。

找到眼镜店，老板得知我们是从重庆开车去德国，决定给我大大的优惠，用最低端镜片的价格，配了高端镜片，好人啊！

精河下道到阿拉山口，90公里，虽然不是高速路，但路况也是极好的，路两边的棉田，一片紧挨着一片，壮观！

棉田曼延了半个小时的车程，路边重回荒凉，一座带着盐边的咸水湖出现在右边，那是艾米湖，隶属于阿拉山口市了。

前方出现一个拱门，上书："认真开好阿拉山口市第一届人民代表大会和政治协商会议"，这是多有纪念意义啊！赶紧拍下来。

过了拱门的检查站，一路向西，阿拉山口市市区终于到了，这已经是晚上8点，3000多公里的国内段宣告结束！

这个城市真是好小好小！"井"字形的道路数得出来就这么两三条，大商店一个都没有，全是小门面。我们住的是海关旁的美林阁酒店。

趁天没黑，开车转了一下。位于中国最西边的这座城市，常住人口仅有1万人，这座万人小城随处都能嗅出不寻常——无论日夜，不管你在城市的哪个角落，都能听到火车的汽笛；不管你走在哪条街上，都能看到"运输"、"报关"等字眼。

阿拉山口口岸已经形成了20年，这里每年八级以上大风天160天，是全国四大风口之一，夏季最高温度44℃，冬季最低温度零下40℃，降水量103毫米，蒸发量4096毫米！

因运输设了市，基础设施肯定会有很大的改善，也许当你也从这里踏上去往德国的路上的时候，会看到中国这个最新城市的巨大变化。

阿拉山口，一场看得见的雨

哈萨克斯坦篇

清晨醒来，阳光很好，适合我们拨开迷雾，看看这座鲜为人知的首都，究竟是何面貌。

驶离中国　　　　　　　　　　　　　多斯托克到塔尔迪库尔干

塔尔迪库尔干到阿拉木图　阿拉

驶出国门

　　驶出国门，我们团队的任何一个人，此前都没有这样的经历。

　　关于要准备哪些东西才能驶出国门，前面有交代，这里我主要给大家讲下过程。

　　8月9号上午，我们去海关报关，报关的主要物品，一是车，二是随车物品。这里就要用到本书最前面说到的ATA单证了，这个蓝色封面的册子，无比重要！它表示你的车，和你随车的相机什么的，都只是暂时出一下国，你不是把车开出去卖了，这辆车是要开回来的。

　　顺便说一下，阿拉山口海关办件窗口的那位工作人员，说自己是第一次办理ATA单证出境手续，惊出我们一身冷汗。我宁可相信这只是她第一次办，而不是整个海关第一次办，不过这也说明了阿拉山口确实主要是火车过境，驾车过境还是霍尔果斯口岸办理起来更轻车熟路些，不过阿拉山口口岸有我们探了路，今后也就容易些了吧。

DAY 10
8月9日
驶离中国

中国阿拉山口

阿拉木图到巴尔喀什湖　　　　　阿斯塔纳　　　　库斯塔奈到车里雅宾斯克

巴尔喀什到阿斯塔纳　　阿斯塔纳到库斯塔奈

1.国际运输许可证
2.哈方给的这张小纸条千万不能掉

　　随即，需要办理的是中国国际道路运输临时性国籍识别标识卡，卡上面有车籍单位、车号、车型、座位数、入境口岸和出境口岸、有效期限等内容。

　　这个识别卡的正面，是白底黑字的CHN，要放在车挡风玻璃显眼处，不过这么大一张白底的硬纸片，也相当地晃眼，只好放副驾驶处，建议海关改进。

　　车有了国际身份，还得配合车辆行驶证的国际公证书使用。另外，车上有几个驾驶员，就得有几个驾照的国际公证，去几个国家就要公证多少份，在本地公证处是可以办理的，这在本书开头提到过。

　　出了海关的办公大厅，去往海关的检查点，这里会打开车辆逐一检查车的后备厢，查验我们带出去的物品和单证上的东西是否一致，甚至还开了一台我们随身带的手提电脑。

　　从ATA单证的报关到海关的查验，大致花费的时间是两个小时，然后，开车驶向国门！

　　阿拉山口这里，中华人民共和国的国门相当雄伟，国门本身还是一个有房间的建筑，相反，哈萨克斯坦这边是没有国门的。

　　第一次开车向国门而去，心情相当激动！狂风中，我们不停地拍照。

　　国门方圆百米范围内，还是在中国境内。我们这个打眼的车队在这里列队留影，边境工作人员看我们如此激动，也没有干涉，这里本来是树立了"界标近区，禁止靠近，参观旅客，免开贵口"的标志。

哈萨克斯坦每天往来于多斯托克和阿拉山口的破旧客车

从中国返回哈萨克斯坦的货车，经国门一辆辆驶回哈国，都是密闭铰接车厢，不是奔驰就是沃尔沃，而哈国每天往返于哈萨克斯坦和阿拉山口之间的唯一一班客车，破烂不堪。

两边都有火车向对方境内开，速度慢。

隆重纪念了半个小时，终于要向伟大的祖国说再见了！

驶过界碑，哈萨克斯坦的道路和中国这边的道路相比，那简直就不是一个档次的——中国这边是四车道的水泥路，哈萨克斯坦是两车道的石子儿路。

拍照是严禁的！我没法给大家展示过关时的照片了。

下面是进入哈萨克斯坦的手续，时间持续约为两小时。

首先，哈国边检在核对车上有几个人后，会发给你一张他手写的很粗糙的小纸片，巴掌大。你车上有3个人，单子上就会写着3，车牌号和纸片上一个手写的编号对应，待会儿过哈国边检的时候，需要全车人一起过，加盖了海关紫色章的这张纸条要还给边检，那个章上面有一个小小的车的符号。此外，入境的时候是谁在开车，出境的时候就得是谁在开车，出入关开车的人是不能换的，建议大家过关的时候选一位主驾。

在海关要填张表，是车辆入境许可，主驾去办，四位工作人员一步步地办理，最后在单子上盖蓝色的章，主驾拿着这张单子去人员入境处办理人员入境手续。

人员入境手续办理后，主驾在海关入口处填的单子会盖上边检的紫色章，相当于主驾的随车移动护照。

所有办公人员都不会说汉语，不过有能说英文的工作人员。

回想起来，从中国到哈萨克斯坦的手续，是这趟国际自驾当中最复杂的，千万不要侥幸哪样不办，那会有更大的麻烦。

万事开头难！耐着性子把手续办完，今后几个国家过关的时候，再慢你都会觉得快了。

好吧，所有手续办完，已经是下午6点钟了。

国门下的合影

终于可以真正进入哈萨克斯坦境内了！本已被各种章和车辆检查弄得疲惫不堪的我们，顿时又有了激情。

进入哈萨克斯坦，手机请使用双时钟桌面，哈萨克斯坦比中国时间晚两个小时，我们下午的6点，是哈萨克斯坦4点。

当天的目的地，就是哈萨克斯坦边境的多斯托克小镇，离边境很近。

20多分钟就到多斯托克的住处了，哈萨克斯坦之旅开始了。

哈萨克斯坦和俄罗斯等国家一样，旅店价格都相当贵，很难找到"7天"之类的经济型旅馆，很小的房间价格动辄就在人民币500元以上。而他们的旅馆，就算是再差，外观看上去都还不错。进去之后，你会发现很陈旧，盖的东西都以毯子为主，很难找到棉被，枕头也以方的为主，电视机以15年前的弧形显示屏为主，床基本上就是学校寝室的单人床。

洗澡，不一定有热水！这个可能和运气有一定的关系。

酒店的接待能力通常都相当有限。我们31个人，酒店做饭给我们吃就成了浩大工程，沙拉、酸面包、牛肉饼配饭、番茄酱羊排汤，这四样，居然弄了两个小时，其间还看到有送食材的车前来。

哈萨克斯坦的生活节奏，从这一餐晚饭就能看出来，如果车队人多，最好提前订餐，或者找快餐解决。哈萨克斯坦和俄罗斯等苏联国家的办事效率都不高，随便一顿饭让你花去两个小时都是正常的事情，很浪费时间。

餐食的味道，自然是你吃不惯的。面包不酸就硬，番茄、土豆、牛羊肉，翻来覆去就这三样。所以准备一点你喜欢的咸菜是很有必要的。

吃饭吃得瞌睡都来了，回到房间，里面电器几乎清一色的中国货。房间格局总感觉不像睡觉的地方，没有写字台、没网线、没WI-FI，只有下楼去走走了。

天刚要黑，路上的人的长相和我们区别很大，几乎所有人都会用中文说"你好"。

路虽糟糕，峡谷却很美

壮阔风景中开到凌晨3点

自驾的乐趣，在于辛苦的同时，能看到别人看不到的风景。

8月10日，这两样都被发挥到了极致——辛苦地开车到凌晨3点才入住，看到了最壮阔的风景。

早起，等早饭一个小时，内容是三个煎鸡蛋加两片肉肠，标配——酸面包加红茶，这是要等到花儿都谢了的节奏么？三个煎鸡蛋又是怎么个意思？

由于有工作任务，我们当地时间下午两点才出发，午饭买的是两种袋装面包加酸奶。

哈萨克斯坦的袋装面包一般都有适宜储存的硬壳，但味道都相当不错，不是酸面包，但酸奶没啥酸味。

当天的路程，是从多斯托克到塔尔迪库尔干，两个此前没听说过名字的地方，预计里程350公里。

之所以不敢吃了午饭再走，是此前我们就知道，这将是整个旅程中路最烂的一天，而这两个城市之间，没有其他城市可住。

不吃午饭的决定是明智的，因为我们测算错了里程，

DAY 11
8月10日
多斯托克到塔尔迪库尔干

阿拉湖边，目力所及唯一的居民区

这一天的真实里程达到了近500公里。而路确实是这一趟中最烂的，我们最终开车到凌晨3点才入住酒店。

如果你们是沿着这条路走，一定要加满油，备足干粮和水，天亮就启程！

多斯托克镇上没个稍大点的加油站，最后在看得顺眼点的有A3C字样的加油站。加的92号汽油，119坚戈，除以25就是人民币的价格，相当于人民币4.8元左右一升，比国内93号汽油便宜了两块多钱一升啊！

哈萨克斯坦的汽油，主要是92号和96号，相当于我们的93号和97号，在加油站认这两个数字的字样即可，货币单位是坚戈，汇率随时可能有变，货币本身10年也换了5次。

再次提醒，在多斯托克必须加满油再走！A3C是哈国最大的连锁加油站之一，只是多斯托克这个看上去有点山寨。

2点上路，路果然烂啊，别说不如中国的收费高速路，就是一般的国道省道也不如。两车道，有的路段有沥青硬化，有的干脆就是石子儿路，弹坑多得不得了，提速之后又要急刹减速，驾校学的本事，全部拿出来吧！

几辆车先后挂底盘，开始很心疼，因为国内段是没有挂过底盘的，后来也就习惯了。我们都不敢慢慢开，不知道这样的烂路会持续多长时间。

这一段烂路，左边有不高的山，右边很远处有山，且不时有湖水出现，此外就是始终相伴左右的荒草，湖边用长焦镜头偶尔能看到点点人烟，荒草地上绝无人居。

这是与新疆境内不一样的荒凉，从很深的草，绵延的湖水，感觉这里并不是无法居住和耕作，只是单纯的没有人。作为世界上最大的内陆国家，哈萨克斯坦只有1700万人。

与孤独风景相伴的，居然是中国移动的信号！这里由衷地要惊叹一下中国移动，离开国门的车程已经一个多小时了，居然还可以把中国移动设为首选网络，时有时无地找到一两格信号，个别路段竟然满格，多图微博都能发，而哈萨克斯坦向导阿坤的手机却没有信号！

无人区大峡谷

开了两个多小时，沿途唯一看到的人工建筑，是一座峡谷中的小桥。过了这座桥，相当于从一条溪流的左边变道右边，登上右岸高点，举目望去，峡谷的壮阔，让我们都"哇"了一声。

在壮丽中静静地站了几分钟，稍息，哈萨克斯坦荒凉的风景，与国内不同，这就是传说中的"大美无声"？"无人区"的概念可以重新定义了。

这里的路，也烂到了极致，石头大小不一，我们甚至开始不能轻易从车轮痕迹判断哪条路才是主路了。

由于驾驶技术有差别，对讲机有时候信号又不好，我们一度差点迷路。此时前车的逐一通报是很重要的，在手机没信号的无人区掉了队，那会是致命的。

当地时间下午5点，我们看到了这一天最漂亮的风景——右侧出现了一个大湖，湖中间有一座海市蜃楼般的山丘，虚无缥缈如若仙境。

这座湖之大，很难以"望不到边"这样的简单词语来描述，总之是开了半个小时，湖中仙山与车的相对位置貌似没变化。天很蓝，湖水在蓝天白云映衬下，景色绝不输青海湖。难得的是，湖边没有任何商业化的痕迹，更看不到环湖一周骑车的人，只见到一处小聚居地。

哈萨克斯坦的风景，仿佛都与人无关，这座阿拉湖若是放在国内，黄金周岂不爆棚？

在这湖边开行，仿佛觉得时间凝固了，路烂也无所谓了，如此画卷，本就该和一条烂路相连，才能显出它的仙气吧！

由于对距离感觉很不踏实，一路上都在努力寻找人迹，傍晚6点过发现了大片的向日葵，但没见人；7点钟，终于看到一个集镇。一对新人在一座雕塑下的广场举行露天婚礼，见这个中国车队经过，几辆婚车按响了喇叭，宾客兴奋地向我们挥手致意。

看到人，心里踏实多了，漫天粉红的彩霞，在草原上分外漂亮。

草原上是没有灯光的，天黑下来之后，在草原上开车就是循着一条略微反光的道路前进，哈萨克文的路标也读不懂，只有相信导航得"永生"了。

我们用的导航是Tomtom，沿途5国都很好用，很小的支路都能指出。

晚饭是路边解决的，面包红茶老三篇。10点半，找了一个大点的加油站加油。

接下来的赶路就开始变得痛苦了。看不见风景，人也累了，更重要的是，出来前预测的350公里早就到了，目的地却不知道在哪里，会不会走错路？这黑灯瞎火的，万一导航是错的，我们能在哪里过夜？

忐忑中，零点到来、凌晨1点、凌晨2点，对讲机渐渐说话的人少了，大家都不愿意说话，憋着一股气地开。

此时，尾车因为加油的时候失误，油没有加满，通报：油只剩下不到80公里，油箱灯亮了。

正在大家紧张之时，曙光出现！前面出现了大片的灯光！对讲机里面一片欢呼。

2点半，雨中，我们终于到达了塔尔迪库尔干的酒店！

入住下来，凌晨3点。

这是这46天中最魔鬼的一天行程，但沿线的风光，也是让人印象极其深刻的。

前往第一个城市塔尔迪库尔干的路上，遇见一片向日葵，才能感受到这里有人的痕迹

"高富帅"的卡普恰盖水库

忘了交代，为什么要来塔尔迪库尔干？

因为这是前往哈萨克斯坦旧都阿拉木图的必经之城。

哈萨克斯坦的首都有一新一旧，新的阿斯塔纳，旧的阿拉木图。阿拉木图处于地震带上，地震频发，1997年哈国迁都阿斯塔纳。

不过，阿拉木图是中亚第一大城市，独联体第三大城市，1991年苏联解体宣言，就是在阿拉木图发表的，2017年世界大学生运动会，也将在这座城市举行。

阿拉木图先说到这里，从塔尔迪库尔干到阿拉木图，还有300多公里路呢。

半夜3点半才睡，大家都疲惫不堪，我们从塔尔迪库尔干出发的时间，定在了中午12点半。

前一天的500公里把我们走怕了。向导说，哈萨克斯坦是没有高速路的，今天的路只能说是比昨天好，但路的总体水平，就是这个样子，车速快不了，所以，300公里路，也要赶。

这么一说，饭都不敢在城里的餐馆吃了，怕又要等一两个小时，路边店是最佳选择，于是出城开了大半个小时，在前往阿拉木图的路边，找了两个帐篷开吃。

这一路上，因为我们团队人多，路边店经常是找两家一起吃，免得超过了人家的接待能力，时间耽误太久了。

哈萨克斯坦的主食，是以草原上的牛羊马肉打主力，羊肉为主食的时候，味道基本上是接近盐焗鸡，土豆浅浅

DAY 12
8月11日
塔尔迪库尔干到阿拉木图

的盐味，能配点番茄黄瓜沙拉给你，就算是荤素搭配得很好的了。味道，我还吃得惯，这边的羊肉没有膻味，考虑到晚上又不知何时到，大口大口地吞吧！

吃完，发现厕所是收费的，大致是人民币一元。

哈萨克斯坦的厕所很多都收费，加油站通常是没有厕所的，极个别有厕所的，也是旱厕，味道熏人。真不知道大家是如何解决内急问题的，我们时常"天体"解决了，看来中国抓基础设施建设"改水改厕"走在他们前面还是很重要啊！

好吧，才说完吃又说拉，不大好吧，继续上路！

去往阿拉木图的路比昨天好了很多，有的路段时速可以跑到100公里，但弯道多坑多，有的路段时速跑80公里就要命了。我们车上驾龄只有一年的新驾驶员刚哥表示"Hold不住"了，80公里的时速就快要跟丢队伍了，我赶紧和他移形换位，在时有弹坑的路上狂追。

这种路，头车是很重要的，头车不仅要导航，对于路面的陷阱要及时通报，减少后面车刮底盘的概率，后车沿着前一辆车的线路走，基本上就是安全的。

高速绕桩，弦都绷得很紧，路上就易疲惫，开一个多小时就需要歇息，直到下午6点，看到了前面有城市的痕迹了，才松了口气。

这途中绝大部分的时间依然是和苍茫的草原相伴.有一个小时时间，和一个漂亮的大湖相伴，这个大湖叫卡普恰盖水库，湖上游艇很多，还有帆船点点，岸边芦苇丛

1. 阿拉木图油价，92号相当于人民币5元
2. 犹如盐焗羊肉般的主食
3. 我们做的功课
4. 卡普恰盖水库
5. 拉着游艇的车在路上跑

生，景色无敌。据说此湖是哈萨克斯坦"高富帅""白富美"的最爱，这两年比巴尔喀什湖还有吸引力。

如果你从多斯托克一早出发，当晚早些到达卡尔迪库尔干，次日一早从卡尔迪库尔干出发，当天下午可以游玩卡普恰盖水库，傍晚前往阿拉木图，可避开阿拉木图晚高峰，这之间的距离也就是半小时的车程。

即将到达阿拉木图的路上，有一些外观奇特的建筑，全是赌场。

到达阿拉木图入住是傍晚7点半，接近300公里，除了吃饭时间开了6个小时。

与树共存的城市

DAY 13
8月12日
阿拉木图

百度百科之阿拉木图，定义为：全世界绿化最好的城市。

没有"之一"。

冲着这句话，就值得你舟车劳顿地走一趟阿拉木图了。

阿拉木图的绿化，和此前我所见的其他城市的绿化大不同：其他城市是把行道树种街上，阿拉木图好像是在大树中间开辟路。

进入阿拉木图的时候，你能看到道路两边成片的树林，很深，人未必进得去。

城区街边行道树全部是参天大树，间距不一，有的甚至不在人行道上而在道路边上，不管在横竖哪条街上，都感觉每棵树和这座城市是共生共长的，从未被砍伐过。

出了国门之后，大树和高山，都是非常罕见的了，阿拉木图让人眼前一绿。

对这座绿色之都，最好的了解，就是上街随意走走看看，开车或漫步，感受绿意袭人，这不是一个"景点"可以代替的，这座城市就是一个绿意大景。

如果一定要找一个景点，阿拉木图没有第二个选择，那就是去离城中心18公里的麦迪奥山。

麦迪奥山是阿拉木图的天然地标，从塔尔迪库尔干前往阿拉木图的路上，刚过卡普恰盖水库，远远地就能看一座雪山，当你惊奇于为何路上这么热，山上却有雪的时

车在林中行

候，你又会慢慢惊奇于这座雪山为什么和阿拉木图市区这么近。

阿拉木图人又叫这座山"天山"，顶峰是带有浓重时代特征的"共青团峰"，山下还有创造过许多世界纪录的麦迪奥人造冰场和琼布拉克滑雪场。

麦迪奥山可远观可近览，前往雪山，你能看到琼布拉克滑雪场和麦迪奥高山冰场之间的防护大坝，一条瀑布穿越而下，而登顶之后，又能在耀眼白雪的前景里，将阿拉木图的绿尽收眼底。

尽管终年有雪山相伴，阿拉木图的夏天依然很热，据说能热到40℃，我们去的这两天32℃，穿短袖适宜。

1. 解放广场上的雕塑
2. 步行街随拍
3. 旧都阿拉木图市中心广场解放纪念碑前玩耍的小孩
4. 麦迪奥雪山就在城边
5. 一辆老款奔驰车驶过阿拉木图新城区的CBD
6. 阿拉木图街头，两位会说中文的学生和我合影

开车去柏林 **65**
DRIVING TO BERLIN

阿拉木图在哈萨克语中意为"苹果城"，可苹果呢？路上几乎没见到，说是在市郊。

前面说到了，卡普恰盖水库能看到很多游艇，前往阿拉木图的路上能看到很多赌场。赌场边矗立的一串广告，是宾利的，路上还能看到劳斯莱斯专卖店。在哈萨克斯坦这个路上烂车远远多于好车的国度里面，宾利和劳斯莱斯意味着这座城市不一般。

阿拉木图为哈国提供了五分之一的GDP，也是中亚商业中心。苏联解体后，这里凭借当年的首都优势，"先富起来"的人群很多。这里绿化与现代化共存，你能看到有历史感的老城区，也能看到几乎全是玻璃幕墙的CBD。

新与旧，时代与历史，都能见到，这是我对阿拉木图的重要印象。

CBD位于解放广场旁边，我发现哈萨克斯坦人特别喜欢玻璃幕墙，首都阿斯塔纳也是如此；再后来，我发现莫斯科的CBD也是如此，也许玻璃幕墙在空气清新的城市，看上去更加干净吧。

到阿拉木图的人，一般要去一下解放广场，广场上有总统手印和纪念碑，

1.闹市酒店，每层楼要到管理员大妈处拿钥匙
2.酒店的电梯窄得只容一人进出
3.在苏联国家多次领到这种带沉重金属锭的门钥匙，但凡这种钥匙的酒店就是很糟糕的

对面是司法部大楼，哈萨克斯坦很多"中心"依然在阿拉木图。

傍晚，我去逛了阿拉木图老城区的步行街，这里的人悠闲惬意。由于哈萨克斯坦有131个民族，长得像亚洲人和长得像欧洲人的面孔参半，看路上一张张长相迥异的脸，就很有趣了。在步行街淘两盘哈萨克斯坦的歌碟，能伴你在异域风情中上路了。

阿拉木图有两三家中餐馆，我们去了"莲花"，档次较高，菜味道一般，只是我们不想再吃面包加羊肉了。

我们在阿拉木图住的地方很是糟糕，旅店虽在老城区的核心区，但电梯宽度只容得下一个人，运行的时候心都跟着抖三抖；入住之后需要在每层楼的楼管大妈处领钥匙，钥匙绑定在一个大铝锭上，这辈子也不会掉……房间不合理的地方很难一次"吐槽"，房间和床一样窄，内部没WI-FI却有广播，能开阳台门的时候就不能开阳台窗，临街，半夜三更也听到大排量摩托街头狂飙的噪声。

阿拉木图的住宿费不便宜，花四五百块住的房间也很一般，唯一能提供的建议，是问Booking找不临大马路的旅店，这里人有钱，大排量摩托太多，深夜正是他们轰油门的最佳时机。

最后来说说网络。在哈萨克斯坦很多酒店要么没WI-FI，要么房间没法用网络。买一张哈萨克斯坦能用的带网络流量功能的电话卡，是很有必要的，如果在国外用中移动等的网络，1MB要51元，输不起。

哈萨克斯坦最常用的是Beeline的，我们叫它"小蜜蜂"电信，黄黑相间的圆形标志，网络套餐卡一套（含一个3G卡托），开机后按"*424*5#"把电话资费换成1GB网络流量，4000坚戈，大约是人民币160元，全国漫游，街边电信专营店可买到，信号尚可。

卡托可用于让你的电脑上网，当然，电脑也可以用手机上网连接USB提供网络热点。

哈国还有一个大运营商，Kcell，那个没试过就不知道怎么用了。

到了阿拉木图，买一张网络电话卡就比较容易了，哈国很大，路漫漫，用得着！

巴尔喀什湖之美

在多斯托克到塔尔迪库尔干的第一天，我们一度把那个仙山缥缈的湖，认为是巴尔喀什湖，其实那是另一座大湖阿拉湖。

网评中国"新四大俗"，包括环青海湖骑自行车，因为太多人热衷于此事了——来巴尔喀什湖试试吧，没几个人干这事儿。而巴尔喀什湖的面积，是青海湖的4倍，1.83万平方公里，比北京的面积还大，东西长605公里，环湖骑车一周，很有压力！

最神奇的是，巴尔喀什湖一半咸水一半淡水，据说原因是东湖有流域注入，西湖蒸发量又太大。

我们要从哈萨克斯坦南边的旧都阿拉木图，到北边的

DAY 14
8月13日
阿拉木图到巴尔喀什湖

巴尔喀什湖日落，远处的烟囱让人觉得很破坏风景，实际上，当地人更喜欢到卡普恰盖水库游玩

新都阿斯塔纳，巴尔喀什是最合适的途中歇息地。有一个如此神奇而浩渺的湖在那里，还等什么呢？一早上路，前往巴尔喀什湖吧！

650公里，这是进入哈萨克斯坦之后，最长的一天了。为了巴尔喀什湖的美景，这一天必须起个早，8点出发是比较科学的！

美景在前，开车也特别有动力。阿拉木图出城很顺利，告别远处的麦迪奥山，路况和前两天相比又有了改善，不过在没有高速路的哈萨克斯坦，650公里还是非常遥远的路程。我们将瞬间最高时速提到了150，不过全程平均时速是上不到100公里——路并非一直好，而且这么大一个车队，超越大货车，超越连续大货车，都不容易。

景观，还是苍茫的草原，只是多了一些上下坡度。上午10点钟，路遇了一大片尖刺植物，在地里像是被烤成了干花，大家都有兴趣下车拍照，我也拍了，而且用来当了很久的手机桌面。

顺便说一下，哈萨克斯坦路上找厕所非常难，除非你有超凡的肾，否则，每次停车的时候，就想办法解决吧！可不要说我引导大家不文明啊，我是没找到其他办法。

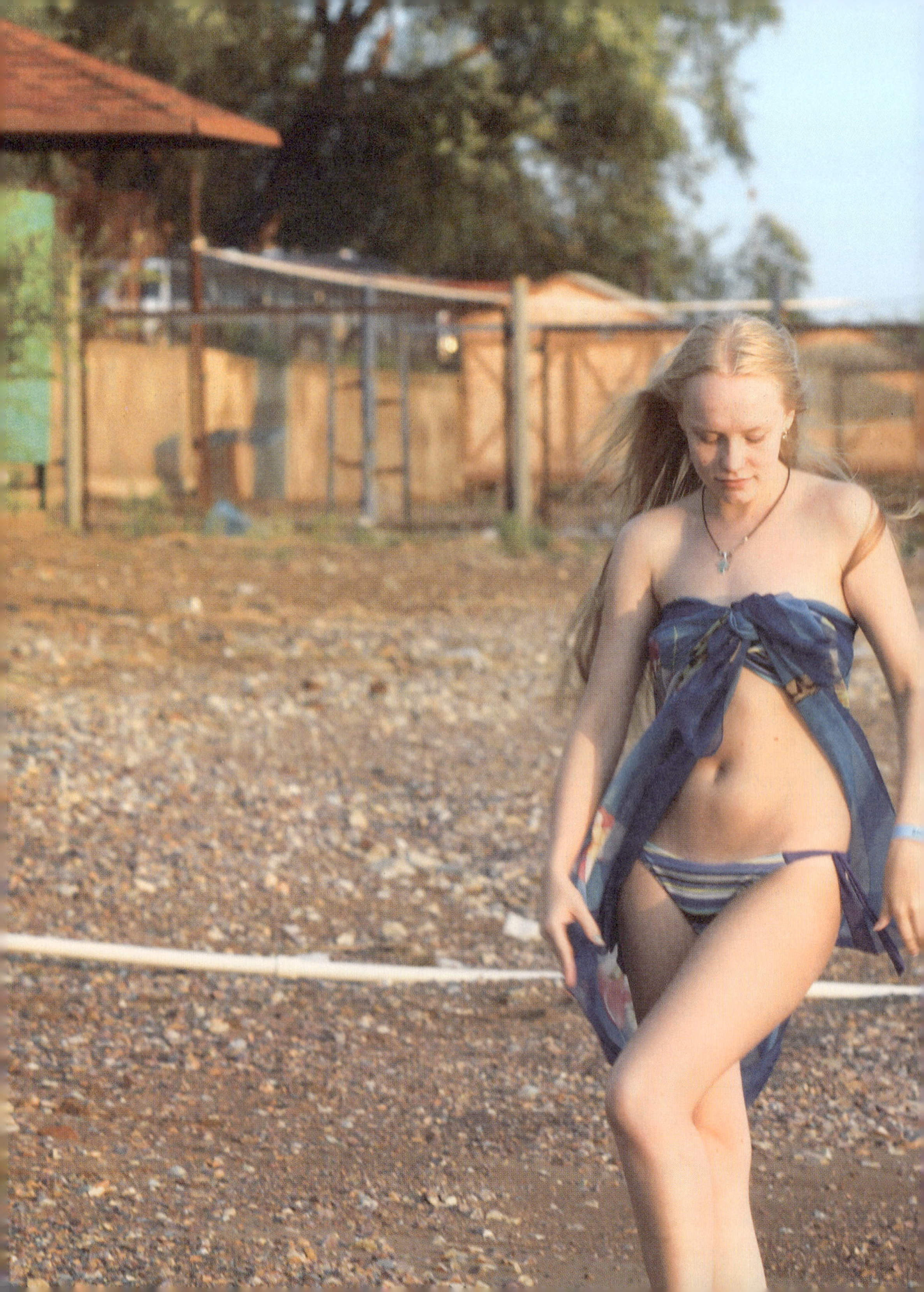

巴尔喀什湖边漫步的"妹纸"

路上的村镇很少,中午,在一片荒得连草都不长的土地上,出现了一排路边餐馆,照例,为节约时间我们还是选了其中两家一起做饭。饭食,依然是羊排配土豆加红茶,这就是哈国路边餐食老三篇,红茶一定要喝!我们逐渐发现不喝红茶这顿饭吃了会噎得慌。

下午的路况还是不错,经过一片有白斑盐碱析出的土地后,4点半,右边出现了绵延极长的大湖,是巴尔喀什湖了?

大湖一直右边相伴,我们确认如此大湖定是巴尔喀什湖了。

哈国的路标,都没有英文,你只能大致猜地名,看首字的发音,一般还是不会错。

一路都有巴尔喀什距离的倒计里程路标,巴尔喀什湖虽然看得见,但离我们要去的那片有接待能力的区域,足足开了两个小时。一路上第一次看到了单峰骆驼。

傍晚6点半,驶入了巴尔喀什,到达了我们入住的湖边酒店。

这应该是巴尔喀什湖最美的季节和一天当中最美的时刻了,酒店的房间就在湖边,有花园相伴,湖水波光粼粼,视野非常开阔,可以在沙滩椅上躺着,可以下湖游泳,也可以矗立在水中的钓台上垂钓,也可以打沙滩排球,还可以——偷拍泳装美女!

用16~35mm的镜头拍这浩渺大湖,用70~200mm的镜头拍美女,换来换去的,很辛苦!酒店在沙滩上搭了高台,登上去就可以拍全景,俯瞰整个沙滩。

1.午饭时,孩子好奇地看着我们
2.湖边的孩子
3.湖边夜色,地平线上是五彩的光晕

旅途疲劳，在这湛蓝的大湖面前得到了释放。

巴尔喀什湖畔，有人气，但人又不多，沙滩上的一张张笑脸，主动上前与我们合影的哈萨克斯坦人，都在漂亮的风景中，显得很温暖。

8点10分，太阳在火烧云中落下地平线，唯一的遗憾是太阳落下的地方不是湖面，而是岸边的一排烟囱的前面，烟囱大煞风景。

天光渐暗，湖面上升腾起了五色的光晕，像飞机上看到的日出一样，幻化醉人。

好吧，那就在湖边喝上两杯伏特加，醉一把吧！

酒劲上来，湖边的风迅速带走白天的热量，晚上9点就很冷了，短袖完全不行，我是套上了冲锋衣才抵挡住寒气的。

酒足饭饱，静静站在清冷的湖边，看湖水荡漾着白月光，只想在这里小住几天，忘记所有。

酒店房间很舒服，床难得不再是小床——一路上都很难找到国内酒店这样正常大小的床，床都窄得让胖子很难转身。

次日清晨，团队年近六旬的团长还下湖游了一把泳，大呼好爽！我们则在晨曦中，呼吸着新鲜而清冷的湖边空气。

进入哈萨克斯坦，你会发现每天都是好天气，天始终蓝蓝的，区别是蓝天白云，或者万里无云，我更喜欢前一种，有"白云控"的朋友们，建议来体验！

被焚烧过的荒野

天气之变

DAY 15
8月14日
巴尔喀什到阿斯塔纳

如果不需要赶时间,巴尔喀什湖畔是可以多住一天的。

巴尔喀什湖的美,在这一路上是无法复制的,我也一直惊叹于这个在草原上铺展开来的内陆国家,为什么湖泊如此之多。

不过,我也对昨晚所见湖边的烟囱心有戚戚。很多湖泊,要去都要趁早,人和工厂,始终是自然景观最大的威胁。

自驾的乐趣,在于心中怀着憧憬,作别那些你唏嘘感

叹的美景，不断向未知美景前行。

又上路了，目的地是650公里外的阿斯塔纳。

前往首都的路，明显有改观，虽然没高速，但国道的水平是够了，我们基本能把平均时速保持在100公里，瞬间最高时速160公里。

此前一天晚上室外吃饭，保障车主驾吹风受凉，刚出发就开始呕吐，只有停车换人。

我们车队有一位是医生，诸位出来，不可能带医生，一路上更要小心夜晚不要受凉。

巴尔喀什湖对环境气候的影响是巨大的。8月，我们这一路上基本上都是以短袖为主，到了巴尔喀什湖之夜，就要外套了，再往北走，天气越来越冷，需要加绒的冲锋衣了。

出发后一个小时，发现路两边很多烧过的痕迹，随车向导说，这些地方的麦子已经收割，烧了荒好准备下一季的播种了。

出来两周了，天天都是好天气，唯独今天，不见蓝天白云，雾气笼罩草原，这哪像8月的夏天，连开窗伸出镜头拍照的勇气都没了。

依然是途中找路边店吃午饭，下车时已经是把冲锋衣的帽子都盖上了，还是冷，气温12℃，关键是寒风逼人。

虽然是路边店，但只要是有个正式的店堂的，店里面都总是弄得干干净净的，食物的味道从当地的角度说是不错的，这店的服务员还有几分空姐范儿。

热腾腾的牛肉土豆汤，四四方方的牛肉，一块就驱走了一半的寒气，但也只有一块。主食是羊肉大饺子，大得像包子，两个管饱三个管撑，必须又要靠红茶来消食了。

店里面还有各种油炸食品，供外带。有网友回复我的微博说，有一种叫烤包子（samsa），大饺子叫薄皮包子（mante），也不知对不对。

顺便说一下，在哈萨克斯坦，因为看不懂菜单，点餐是个问题。一般来说就是有

图指图，没图就只有看别人碗里指着点了，路边摊就别太指望英语能交流成功。价格单位是坚戈，前面说了，除以25就是人民币的价格，一顿饭几十块钱一个人是吃得饱的。

在寒气中继续上路，途经一座叫卡拉干达的城市，这也是哈国的大城市了，不过没见到什么稍高一点的楼，路边有很多某支球队的广告。

由于雾气很重，这一天景致显得单调，好在快要接近首都了，路已经非常好，温度也迅速回升。当晚6点40，我们下了从南到北的主路，左转，20分钟后，来到了哈萨克斯坦首都阿斯塔纳的市中心。

说实话，在看到阿斯塔纳市中心建筑的时候，我们着实惊叹了一把：阿斯塔纳中心的建筑太宏伟大气了，而这座城市的名字，恕我孤陋，这趟出来前，还从未听说过。

关于阿斯塔纳建筑之美，我们明天再说，这已经是晚上7点，肚子饿了。

1.土豆牛肉汤驱走寒气
2.餐馆供外带的当地食品
3.虽然是路边店，服务员看上去也有点空姐范儿

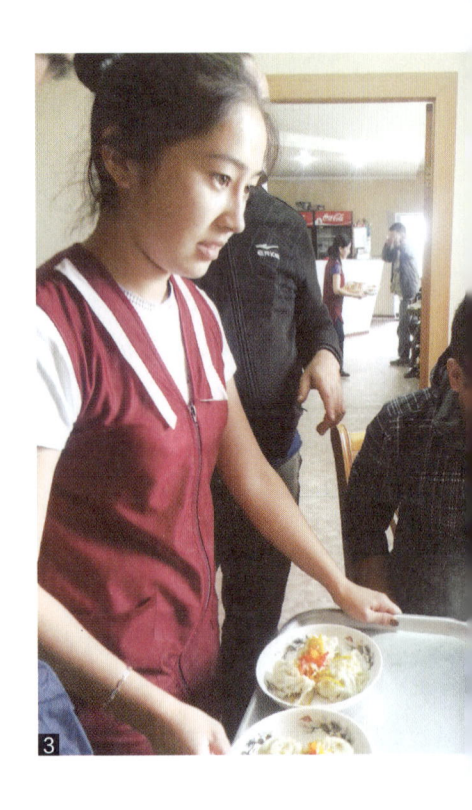

国菜

在哈萨克斯坦，一直听说了有道菜叫"国菜"。

一直心心念念这道"国菜"究竟何等味道，我们决定，在吃了那么多天的路边摊和面包下红茶之后，就吃一次哈萨克斯坦的国菜！

餐馆位于阿斯塔纳景观中轴线上，中轴线上有个由哈萨克斯坦石油天然气公司和银行围合的大圆，立交桥穿过这个大圆，几个蒙古包就搭建在这个大圆里面。那位置好比是在长安街最好的地段，搭了几个临时建筑，这据说不是一般人开的。

帐篷里面看上去很民族风，有吃国菜的那个意思。终于可以敞开肚子吃了，我们点菜明显超了量，这也是因为我们不知道国菜究竟是什么。

前菜是各种冷菜拼盘，由于味道很淡，都觉得很难吃完。比如，有马肠，和吃起来像肥膘一样的三角形肉类，也有鱼类刺身，还有一些奶酪、橄榄和素菜的拼盘，一律都没有沙拉酱之类的调料，没海鲜酱油，吃不了多少就腻了，感觉这些冷菜不是开胃的。

等了一个小时，国菜终于闪亮登场！

我的个天，好大一盘菜！

装菜的盘子，怕是有一米宽，里面以面皮打底，上面是冒着热气的马肠——香肠里面是猪肉，马肠里面是马肉，肠皮本身是马肠子，肥膘瘦肉都有，分量非常足，旁边还配着一个个的土豆，上面点缀着洋葱和葱花。这菜看一看都能饱啊！

动手吧！这道国菜，又名"五根手指"，意思是，你会馋得把五根手指都用上去吃，这是哈萨克斯坦婚宴，甚至国家元首招待贵客时的主菜。而马肉本身，也是哈萨克斯坦国民最爱的肉类，价格远超牛羊肉，马肠比马肉的价格又要高上许多。

前菜肉多冷腻，继续吃马肠这样油腻的东西，再加点土豆和面皮，只吃了两块马肠，就感觉饱了。就马肠本身来说，味道还是比较鲜的，马肉软软的，只不过略带酸味。

我们没法开动五根手指了。

国菜"五根手指"

前菜，综合鱼肉刺身，无海鲜酱油　　　　　　　　　巨大的烤肉串　　　　　　　　　终于上了红茶

此时，每人上了一碗汤，这汤不是我们盼望消食的红茶，而是马肉汤，上面漂着黄黄的一层马油，这层油把好多队友都吓着了。

还有继续上菜！我们这才想起，我们是点了主食的，主食是马肉抓饭，也就是酱油饭里面加了大块的马肉，配了一点点石榴。

这么多马肉，如何还能吃下？没想到，我们还点了羊肉串，肉串每根都有两尺长，上面的肉也是很大一块一块的，相当地有分量……

一切都是我们不知道"国菜"的内容和分量造成的！我们每桌只点"国菜"，加上点素菜，应该就够了，最多再加上点肉串。

吃了这么多天的路边份饭，忽然浪费了这么多，我们都觉得于心不忍。团长提议，能不能把前菜那些七荤八素的，一股脑倒在锅里，放点盐煮熟了来吃。

接洽我们的当地美女有些为难，怕不符合当地习惯，但还是把服务员叫到身边，轻声说了这个想法，问他可以吗。

这位服务员来了句神回复："没问题，我愿意为你做任何事！"

小伙伴们都惊呆了，这果然是见过大场面的服务员啊！

十分钟后，处理过的菜上来了——全部蒸了一遍，还是原来的味道！

啊！让我们快点离开这油腻的桌子吧！

此后几个月，我们团队在微信群里面开玩笑，说到油腻，都还在拿马肠说事儿。

首都究竟有多大

油腻到必须要站起来消化了。走出帐篷，阿斯塔纳的夜景也是相当漂亮，跨过城市中轴线的石油天然气大厦，变成了灯光的弧形，大厦穿越中轴线的地方镂空成凯旋门的样子，门后的可汗沙特尔，像个大帐篷，在喷泉倒影下，粉色浪漫，中轴线上很多建筑都有夜景布置，一对新人在立交桥旁的喷泉边拍照，城市如梦幻一般。

车队开车驶出，朝着住处而去，开了一刻钟，就到了。

刚才还是流光溢彩，一刻钟的车程，却是另外一幅景象——这里忽然变成了城乡接合部的模样，黑灯瞎火的，修车店拾荒店遍布，我们住的酒店本身也是这一行以来最差的。

这座城市给人的震撼，和突然给人的不踏实感一起袭来，这完全不像在阿拉木图那种"新老结合"的感觉，貌似这座城市还远远没有完工。

忐忑中住进房间，床小得可怜，还是莫名其妙的大小床，小的就小得翻身都困难了，房间里除了床和茶几，连个桌子都没有，当然更没有WI-FI了，甚至连被子都没有，只有一床毛巾被！

顺便说一下，哈萨克斯坦的酒店房间，至少有两样是有的，花式地毯和小冰箱，这两样我们倒是觉得可以无，要是换成电视和WI-FI就好了。

刚吃了国菜，住这样的酒店，我们表示很失望。

明天，我们得去看看这座城市究竟有多大！

两位美女走过市中心广场

可汗沙特尔夜景

DAY 16
8月15日
阿斯塔纳

一座被设计的首都

从城乡接合部的清晨醒来,阳光很好,适合我们拨开迷雾,看看这座鲜为人知的首都究竟是何面貌。

此行,我们在境外五国的首都,都是待了至少两天的。了解一个国家的首都,对了解一个国家应该是最直接的,南非、澳大利亚除外。

从住地出发,用十分钟穿越了街道,就能看到阿斯塔纳中轴线上的建筑群了。

阿斯塔纳算是一个新首都,13年时间里,从20万人的城市,变成了现在的大都市,首都核心区能看到的建筑都是新的,而整个城市中心地带,就像被整体设计过一样,能看到很多建筑的呼应。

车队所有长安睿骋轿车都带天窗,天窗对于以摄像方式行进中记录城市的地标是最科学的,唯一的问题是——风吹得手抖!

队友开车,我在天窗外拍摄,发现前方道路的尽头,是一堵弯墙一样的巨大建筑,中间有个巨大门洞。而车开到这堵"墙"的前面,发现不远处还有一栋完全一样的对称建筑，也有个能通车的门洞。

在阿斯塔纳，已经看到了四栋这样的建筑，昨天所见的石油天然气公司大厦，还有一家牛气的银行，也是修得这样弯弯的密不透风的样子。初一看很雄伟，但总觉得很压抑，山一样把前面的风景甚至风都挡完了。

从"墙"前面开完，两栋金色幕墙的对称式建筑出现。阿斯塔纳和阿拉木图一样爱使用玻璃幕墙作为现代化的标志，不同的是，前者采用金色系玻璃幕墙的挺多。

拐过一个弯，北京大厦矗立在一堆玻璃幕墙的中间。北京大厦是中石油修建的。

过了北京大厦，不到500米，就是阿斯塔纳的地标——巴伊捷列克塔了！

巴伊捷列克塔，是在哈萨克斯坦总统纳扎尔巴耶夫倡导下修建的，又有说是他亲手设计的，被称为"杨树塔"，或者"生命之树"，意思是像荒原中的杨树一样顽

巴伊捷列克塔下面，孩子的笑脸

1. 世界上最大的帐篷——可汗沙特尔
2. 巴伊捷列克塔
3. 从巴伊捷列克塔到可汗沙特尔的中轴线
4. 阿斯塔纳竟然见到了斯大林式建筑
5. 这样的"墙洞"式建筑阿斯塔纳很多
6. 总统府

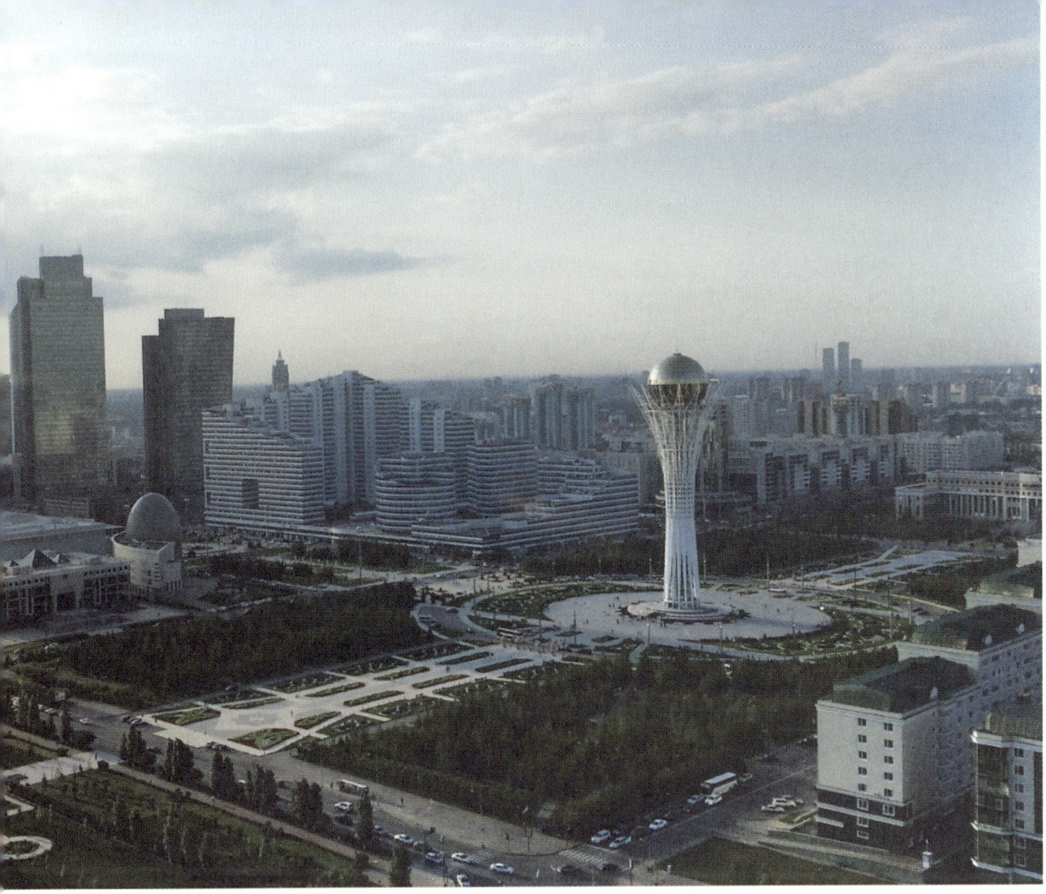

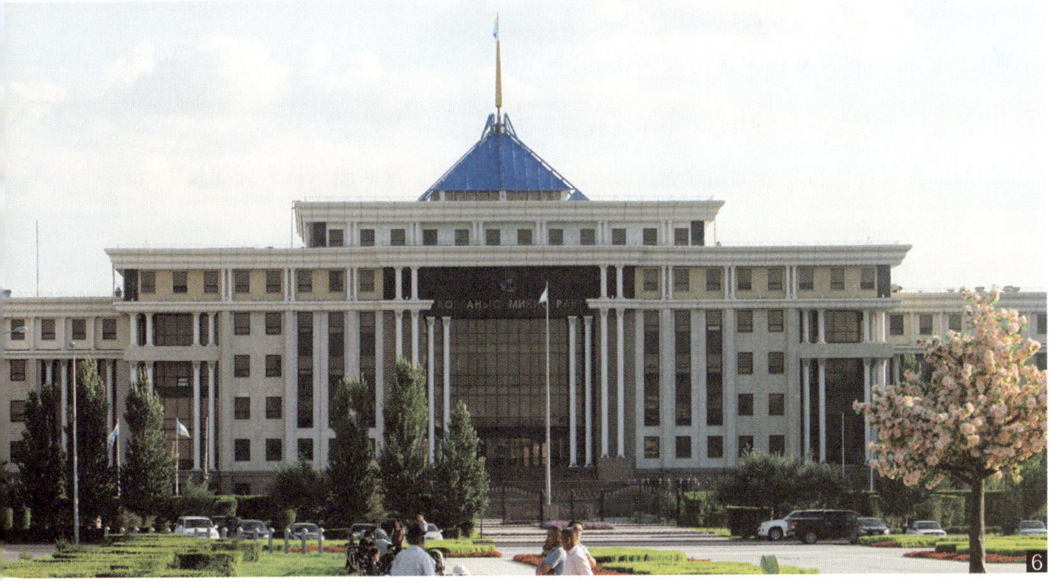

6

强，上面的球型，象征一颗鸟蛋，在树上即将孵化。

到阿斯塔纳，巴伊捷列克塔是一定要来的。塔下面的广场，坐在椅子上，看哈萨克斯坦人休闲时的面孔，也是一种快乐。

天气好，塔上面就是蓝天白云，塔对面是哈萨克斯坦总统府。哈萨克斯坦脱离独联体后，总统还没换过。

中轴线东西走向，西边的标志性建筑，就是可汗沙特尔了。这座建筑是总统先生的70岁生日礼，也是"世界上最大的帐篷"。

说是帐篷，其实是一座巨大的膜结构穹顶的建筑，有点类似于英国航天中心，内部是一个大型的购物中心。下午，我们走进了这座"大帐篷"。

一对恋人走过阿斯塔纳街头，背后右侧是北京大厦

当然，在可汗沙特尔外面留影是必要的，蓝天白云下，这座膜结构穹顶建筑大气恢宏。

作为一家以Adidas作为入口店面的购物中心，里面的档次定位，就不用多说了吧。这里应该是当地人能常来购物的地方，内部圆形围合，正中间有一台青蛙跳楼机，在下面可听取上去的人的尖叫，还有环游购物中心内部的空中缆车，设计上还是很有点想法的。

可汗沙特尔里面基本上是专卖店，有一个日用超市，东西也不高档。

从可汗沙特尔出来，买了些一路可能用得上的食物。开车路上，还看到了哈萨克斯坦的国家大剧院，以及和平与复合金字塔等标志性建筑，一律都在中轴线上，金字塔是蓝顶的玻璃三角椎体，大剧院有点希腊神庙的感觉，都相当新。

唯一的遗憾是因为时间关系，没去成努尔清真寺，它是中亚地区最大的清真寺，由卡塔尔援建，可容5000人聚礼。

在阿斯塔纳看这些独特的建筑，让人想起了迪拜。同样都是有石油的国家，迪拜比阿斯塔纳的建筑更特别，当然也更烧钱。

晚饭是在北京饭店里喝粥，下煎饼，这是团长的提议。作为中国人，我们的特殊待遇，是登上北京大厦顶部的扒房，隔着玻璃俯瞰阿斯塔纳全景。

前面说了，北京大厦基本就在中轴线上，据说哈国一度后悔这块地给了中石油。登顶上面是360度的环形餐厅，阿斯塔纳的全景，就收入眼底了。

从这里，看得明白了：阿斯塔纳确实是一座未完工的城市，中轴线和周边的区域，相当于京沪两个区大小的部分，建筑很有特色，高层建筑较多，中轴线明晰，而再往外的区域，平房很多，不是那种别墅式的平房，看上去就像城乡接合部了，还有很多荒土和草坪。

查阅了资料，阿斯塔纳也确实是一个被设计过的城市：阿斯塔纳整座城市是1996年由日本设计师设计的，1997年哈萨克斯坦迁都，把原来的地名"阿克莫拉"改为阿斯塔纳。

哈萨克斯坦投入了大量资金建设这座草原上的新城市。2008年俄罗斯举行的原独联体国家最佳城市评比中，阿斯塔纳囊括半数奖项，说明这座新兴城市的建设之快，哈萨克斯坦也是原独联体国家中，在"休克"中快速复苏的典型。

来阿斯塔纳看建筑，其实就是最好的旅行方式了，很多人到迪拜去，不也是看那些挥金如土的奇特建筑么？

哈萨克斯坦的科教文卫中心和国家银行，现在依然在阿拉木图，总统表示不会搬迁。阿拉木图和阿斯塔纳，前者更有底蕴，后者更有活力，当然，它们都爱玻璃幕墙。

可汗沙特尔食物价格
到了哈萨克斯坦，我们除了油价，还一直没有给大家介绍过物价。今天，我们去了可汗沙特尔，里面的物价，加上此前我们在一些小超市买水等的价格，和中国比，都给你说一说。
冰鲜三文鱼，一公斤80元，便宜。
冷鲜的牛腱子肉，一公斤60元，正常。
中瓶装可口可乐，5.4元一瓶，偏贵。
一升装矿泉水，常见牌子5.4元一瓶，偏贵。
三明治加薯条加中可套餐，31元，稍贵。
香梨约18元一公斤，正常。

哈萨克斯坦取钱方法
在北京大厦，我们找到了银联标记的取款机。我国一些地方性城市银行为展业，对国外取现不收取手续费，比如我所在城市的重庆三峡银行，借记卡就不收取手续费，直接可取当地币。华夏银行借记卡每天可以取一次免手续费的现金。

哈萨克斯坦加油方法
在哈萨克斯坦加油是先付钱再加油，不大适合"加满"这种加法，非要加满，就要先多缴点现金了，现金不足就只能估计着加。如果是车队，车只要没我们9辆车多，建议就在一支枪上加，中间吆喝着不要被别人加塞，这样方便管账的人付账，否则付账就是个麻烦事儿。

滚滚麦浪

出来前做过功课,哈萨克斯坦国土面积272万平方公里,人口却只有1700万,是世界第六大粮食出口国,面粉出口量占世界的五分之一,每年有大量粮食无仓可存。

这一路上,哈萨克斯坦没看到国内这样难以开垦的高山,几乎就是一马平川,可麦田呢?只在巴尔喀什到阿斯塔纳看到了烧过荒的土地,接近首都有零星的麦田而已,这个问题一直都让我感到困惑。

今天的日程,是从阿斯塔纳到边境城市库斯塔奈,这又是战线拉得非常长的一天,有600多公里。

实际上,我们出来前把这一段的距离也是估算错误了,本以为只有350公里,不过还好,在阿斯塔纳我们确认了不止这点路。另外,和首都相关的道路都还是不错的,只是离首都远一些就差一些,我们把吃饭的时间加起来,用了10个小时,开到了目的地。

开车出了首都的领域,有两条路都可以去库斯塔奈,

DAY 17
8月16日
阿斯塔纳到库斯塔奈

田野中的收割场面

1.面粉加工厂
2.3.午饭时，路边随手拍的花花草草，天气好，创作有了心情
4.库斯塔奈广场走过的美女，面孔已经带着俄罗斯范儿

　　一条是接近高速的路，但路上有一两百公里的糟糕烂路，另一条是稍微次一点的路，但没有特别烂的路，我们果断选了后者，因为我们不知道"糟糕烂路"究竟有多烂，会不会刮轿车底盘。

　　这一天的最大亮点，就是看到了滚滚麦浪！哈萨克斯坦和中国一样有"北大仓"，纬度也差不多，这一天可以充分感受到"地大物博"了！

　　出了首都不久，麦田就开始在车窗两边出现。哈国的麦田，最大的特点就是大！一望过去，完全没有边际，甚至看不到麦田与麦田之间的界线，也看不到麦田守望者，连个稻草人都没有，金灿灿地绵延着，仿佛这些麦田是无主野草，任由春华秋实。

　　能证明麦田正在秋收的，一是田地里偶尔出现的收割机，二是路上跑的收割机车队和拖拉机车队，这里的收割机和拖拉机都是大家伙，拖拉机拖拉能力应该是载重货车的级别，收割机车队更是让我们9个车的车队看上去就像"玩具总动员"。

　　有时候，能在麦田里面看到很突兀的砖混建筑，非常密实，几乎看不到窗户。我

们开玩笑说是核电站，其实是面粉加工厂，麦子收割了就地加工。

今天有麦浪和时而驶过的收割机车队，天空又恢复了蓝天白云，在车上的时光，又有了兴奋点了，手机相机一起上，拍得很开心。

如果说新疆段的总体特点是荒漠，进入哈萨克斯坦之后，路上的风景总体上就是草原。在草原中寻找亮点，或者是拍收割机"补一个品种"，就是后半段行程车上拍照的主要动力，只要天气好，眼睛就很少闭上。毕竟，这些路，今生恐怕你也只会走一次。

考虑到今天战线很长且有段路路况不好，我们中午连路边摊都没有找，直接吃的头天在可汗沙特尔买的面包加肉肠加果汁。顺便说一下，哈萨克斯坦肉肠的味道基本上都比较惊艳，肉味浓郁，嚼劲十足，熏得又很香，不像国内肉肠吃起来一股粉粉的淀粉味，而且，你每天都能看到草原上的牛羊，相信肉肠都是绿色食品。

看了一天的麦浪，下午5点，车窗边忽然出现了一片松树和白杨树林。

松树和白杨树林，这是我们进入俄罗斯后，出现在车队行近时的主要景象，但在哈萨克斯坦，在这个草原国家，看到这样的树林，就像看到了高山一样稀奇，难道是俄罗斯近了？

这样的树林出现后，开了几分钟又没了，继续恢复麦浪翻滚，一会儿又出现了，又没了，就这样间杂前行。

晚上6点到达了库斯塔奈，在预订的餐馆吃晚饭，又是极其漫长的等待。一个半小时了，主菜还没上，餐馆最后决定把大盘鸡送到我们的酒店，再给他们半小时时间。

这真是个神奇而英明的决定，我们离开餐馆前往酒店，酒店条件略有改善，离市中心很近，但也谈不上舒适，就不推荐了。

出门去转转，一群当地足球学校的孩子们，正围着我们的车队比画呢，迅速和他们打成一片，孩子们笑脸灿烂无比，个个都相当活泼。

走到市中心的广场上，饭后的当地人出来"溜"孩子，孩子们欢叫着追逐着鸽子，一场广场音乐会即将上演，这才想起这是周五了。

就坐在广场边看着这一切，骑车的少年，交谈的美女，挽手的恋人。

这里的面孔，很多都带着俄罗斯的味道，离俄罗斯真的很近了。

晚上的天气不冷不热，短袖即可，喝了一瓶哈萨克斯坦非常流行的果酒，夜色初上，走回酒店。

这是哈萨克斯坦之行的最后一个城市，小城给我的印象挺好的，离开那个音乐会之后，到处都变得很安静了，心情也安静了。

1.库斯塔奈广场上的孩子
2.库斯塔奈，孩子们的面孔

俄罗斯篇

俄罗斯美女都很好打交道，看到街上冒出个貌似专业的摄影师，两大美女造型摆得很用心，我"咔咔咔"，拍得简直是一身汗水啊！当然，汗水也包括冒充专家的紧张。

库斯塔奈到车里雅宾斯克

车里雅宾斯克到叶卡捷琳堡　叶卡捷琳堡　叶卡捷琳堡到彼尔姆　彼尔姆到喀山　喀山　喀山到下洛夫哥罗

DAY 18
8月17日
库斯塔奈到车里雅宾斯克

1. 路边免费简易车辆自检站，可以把车开上去看底盘
2. 离开哈萨克斯坦的简易栏杆，右边是办理车辆手续的地方
3. 暴雨中的哈俄边境

边境线

库斯塔奈的酒店，虽然条件很一般，但酒店大堂里面设有一个货币兑换的柜台，赶紧在这里把身上的坚戈兑换成卢布，只留了少许做纪念。

当时的汇率，大致是5块多钱的坚戈换1卢布，身上的钱顿时变少了。

今天的路程，是从哈萨克斯坦的库斯塔奈，到俄罗斯的车里雅宾斯克——那个2013年2月被彗星撞击的地方。

因为到俄罗斯就要更换时区了，我们将再次"赚"到1个小时的时间（俄罗斯夏令时，非夏令时则可"赚"两小时），因此我们出发的时间没像前几天那么早，定在了9点半。

两个半小时到达边境线，路的质量尚可，路边有很多湿地，几乎就是紧贴在抬高了标高的公路，可以想见修路并不容易。

一路的风光，依然是麦田为主，一路秋收盛况。

到达边境线，发现车辆离开哈国，是用一根简易栏杆拦着的。两个大兵在栏杆前查问，一个STOP标志矗立旁边，拍照都只能偷拍哦！我们一举大相机，大兵就上来干涉了，赶紧收家伙。

俄罗斯和哈萨克斯坦，都是苏联、独联体的国家，过关是不是比较简单呢？

事实并非如此，在这里我们花了4个小时。

首先，你要在边境线上的办公室，去领一张单子，这张单子是买的在俄罗斯的车辆保险，相当于交强险，费用1258.88卢布，真是个吉利数字。这单子上面得填上驾驶员的名字、进入边境的时间、车辆的厂家名称等等。最好还是请个会英语的当地人指导着填，因为上面全是俄文。

单子是和这辆车相关的，然后你又会从大兵处领到一张和进入哈萨克斯坦时类似的小纸条片，上面有你的车辆号和车辆的厂家名字。照例，这张小纸片不能丢。

排队，过了这根栏杆，就来到哈萨克斯坦的边检了。下车，进去办的手续相对简单，工作人员也没有打开我们的车查看，这就算是能在哈萨克斯坦出境了。

下一步，是进入俄罗斯境内。

我们排了一个多小时的队，提醒大家，尽量不要和大货车排在一起，拍照只能偷拍，嘘！

刚才还是大太阳，草原上的天气说变就变，一场狂风暴雨袭来。这才想起，在哈萨克斯坦，我们没有经历任何一场雨。

这雨大得吓人，不过也是来得快去得快，雨渐小，我们也终于可以开动，前往俄罗斯边检和海关了。

入关手续和中国进入哈萨克斯坦基本一致，并不因为两国曾经是一家人而简单，具体可参见前面办理哈萨克斯坦入关手续的步骤。此外，刚才填的保险单和另一张环保单子都要给海关，费用加起来约120美元，人民币700多块钱。

进入俄罗斯要填写一张入境单，阿弥陀佛，居然是英俄语双语对照的！激动了。

车窗外雨过去了，我们的手续也办得差不多了。后来发现，俄罗斯看我们车队车多，又不是俄语系国家的车，网开一面，没有和大货车等一起排队，否则等待恐怕不止4个小时。

俄罗斯以蓝天白云欢迎我们，雨水洗过的白云，白得发亮。

路人热情地和我们打招呼

俄罗斯人的热情

　　进入俄罗斯，欢迎我们的除了蓝天白云，还有就是松树和白杨树林了，这样的景观会陪伴我们走过俄罗斯的每一天。

　　开车20分钟，路边出现了小镇和大超市——公路边的大型超市，这貌似平常的商业业态，在哈萨克斯坦是没有看到的。

　　大家都饿得前胸贴后背了，赶紧去超市里面买了烧鸡、面包和果汁。

　　只要不是酒店提供的面包，俄罗斯的面包都相当的赞，这家超市的面包无敌大，皮脆内软，就着烧鸡吃，简直就是美味啊！难道是因为我们都饥不择食了？

　　出了超市，俄罗斯人马上就来证明自己的热情了——一群学生围着我们的车，指点比画。当看到我们的人时，简直就炸开了锅，求合影，求留影，留下联系方式求电邮照片。我送了小礼物给其中一位学生，其他学生又开始求礼物，谁掏出相机拍，他们的眼神就会对着谁，镜头感十足。

　　还有一家子，孩子好奇地摸着我们的车牌照，父母在旁边解释不了，一家子研究得很仔细。

　　孩子一闹腾，好多路人也上来和我们搭讪。

　　"来自中国？"外国朋友们惊呆了，于是新一轮的求合影。

　　开路开路！我们发现，Tomtom的导航，连超市里面的环道都分辨得清清楚楚，线

98 开车去柏林
DRIVING TO BERLIN

路规划指向非常明确，这确实是我们出行的重要帮手。

继续上路，道路状况和哈俄边境差不多，依然是没有高速路的。路边出现了成片的玉米田，出现了有特色的花花绿绿的尖顶房子，出现了全封闭却半透明的人行天桥，你能清楚感觉到是进入另一个国家了。

一个半小时的车程，抵达我们进入俄罗斯的第一个城市——车里雅宾斯克。

进城路上，有一座亚历山大教堂，据说是当地的标志性建筑，看上去很童话。

标志性建筑还是要拍一拍的，这也是每座城市的一种记忆，虽然那里可能没太多意思。

我们在拍教堂，路人在拍我们，被我们发现后，哈哈大笑，问个路也能把他们问得哈哈大笑。

教堂外面没有其他游人，我们停车的地方可能太打眼，也未必合规范，警察叔叔来了，我们赶紧上车就走了——和警察语言不通，讲什么都可能讲不通。

车里雅宾斯克整座城市看上去比较老旧，虽是州府所在地，这里看上去总体感觉也只像中国的二三线城市，有轨电车在道路中间开行，加重了城市的历史感。

傍晚7点10分，就到了预订的吃饭的地方，一家越南菜餐馆：西贡。

餐馆里面很热闹，一对新人在这里举行结婚派对，在餐馆内一个小堂子里面一会儿跳交谊舞，一会儿跳劲舞，大家都放得很开，一位十来岁的小女孩也打扮得花枝招展地期盼舞伴，马上有绅士年轻人站出来请她跳舞，小女孩

超市外的学生非常热情地摆造型

1. 请美女合照，很容易！
2. 亚历山大教堂
3. 等待邀请的小女孩
4. 参加派对的美女留下电邮的时候，还画了一个娃娃
5. 新娘的爷爷舍不得把孙女嫁出去
6. 新人在丝巾上签名

高兴地入场了。

　　据说，俄罗斯人的婚礼派对是从中午一直跳舞、做游戏到晚上的。才跳完几曲舞，又看到了全世界通行的游戏：主持人举着一块英语字母的字牌站在游戏者背后，所有观众都能看到字牌，只有坐在椅子上的游戏参与者看不到，她需要猜出这个词是什么。

　　说实话，当时我的第一反应是看到了英语单词，心想和他们交流起来会不会轻松点。

　　结婚派对的主阵地一会儿又转移到了室外，这里也是西贡餐馆的庭院，和我们吃饭的地方就在一起了。奔放的俄罗斯人很快就和我们搭上话了，一说合影，一堆美女都凑上来，一个个笑颜如花，摆出各种姿势随便拍。

俄罗斯人的热情带动着我们，我决定送给新人一条丝巾。这根手绘丝巾上面印有重庆的地标解放碑、大礼堂、朝天门码头等，很有地方特色，在重庆新世纪百货买的，本土企业缀美设计的。越本土的礼物外国朋友应该是越喜欢。

出发之前，我特意准备了30来份小礼物，分别是丝巾、扇子和陶瓷小工艺品，以赠外国朋友，传播友谊和祝福。这条丝巾是这里面最有价值的。

另外，我还准备了一条丝巾沿途签名，意即"一条丝巾的新丝绸之路"。

请合照的美女们留下电子邮箱，发送照片给她们时，美女们争先恐后，长得最漂亮那位在留地址之余，还画了个娃娃在我的本子上，很可爱啊！

说要送礼物，新人的父母先出来了，得知我们"千里送丝巾"的来意后，郑重其事地给新娘说了这事儿。不久，长得像瓷娃娃一样的新娘和新郎官一起出来了，他们也郑重地接下了我们的礼物，还在我的另一条丝巾上签名，我求合照，新人当然应允。此时，新娘的老爷爷可能是多喝了两杯，晃晃地上前来，抱着新娘，求一同合影，老人家的心愿，自然也是要满足的。

各种合照完了，我们才发现，这家越南餐厅的上菜速度，比我们在哈萨克斯坦吃饭时还慢，等了一个小时，前菜都没有走完，再等一个小时，主菜还没上完，天都要等黑了，肚子还没吃饱。

催菜，店家态度好得很，但就是表示，这速度是很难提升的，餐馆食客多，又有婚宴，只有慢慢等。

俄罗斯和哈萨克斯坦，吃饭确实是非常花时间的事情，不仅如此，俄罗斯人做事情的节奏都非常慢，所以，在俄罗斯干要紧事儿，一定要留足时间。

这顿饭把大家的瞌睡都吃出来了，团长下达指令：今后的任何一顿饭，除了打电话订餐，一定要说好先上菜，别管什么前菜主菜了，一股脑都上来，我们到了就吃。另外，尽量找中餐馆吃，别再这样瞎耽误时间了——我们除了开车，还有很多工作要做。

一张罚单

车里雅宾斯克是个很大的州,要去看2013年砸出来的陨石坑,远着呢,还不知道准不准看,继续上路吧。

越来越觉得,自驾某一天的印象和这一天的天气有直接关系——如果糟糕的天气再加上堵车的心烦,这一天大抵就不会有什么激情,而且会觉得很累。

就比如今天——天色在出发不久就变得灰蒙蒙的,而且,在临近叶卡捷琳堡只有不到20公里的地方,遭遇大堵车,这一堵就是两个小时啊!

话说俄罗斯是地广人稀的国家,在这里能遇到大堵车,那也能证明这座城市经济发达吧!

考虑到这一天的路程较短,我们出发也比较晚。出车里雅宾斯克的时候,发现这里的电车线路不止一条,电车还很老旧,让我回想起重庆曾经有5条电车线路的时代。

一路上也有不少麦田,有时候麦田会把树林包围,我在想为什么中国就很少在麦田中存有树林?

天灰灰,车拍兴致低,我开了一段后,眼见路标离叶卡捷琳堡只有20公里。

此时,大堵车开始了。直到最后,我们也没有看到有什么车祸现场之类的,感觉堵车只是因为车多而已。

堵车时,看到了叶卡捷琳堡的城市标志,一簇水晶。哈萨克斯坦和俄罗斯的城市,进出都能看到城标,这也能让你判断清楚你是否在这座城市里。

叶卡捷琳堡的水晶,显示这里盛产宝石,据说彼得大

DAY 19
8月18日
车里雅宾斯克到叶卡捷琳堡

1. 糟糕的一天，随手拍张花花草草换个心情
2. 叶卡捷琳堡入城标志
3. 俄罗斯电话卡，可上网，但就是贵

帝在这里把世界上最大的一块宝石送给了他的爱妃，那是有多大呢？

叶卡捷琳堡是以人来命名的城市，我们开始讨论，同样是以人名开头，俄罗斯的"堡"和"格勒"的区别。

一路堵车，车上坐的这几个人的性格就很重要，不说话会闷死的。开了这么久，来介绍一下我们车上的三个人：刚哥，经济知识颇多但有点小固执的文字记者，驾龄1年，此前开了几年摩托车，对摄影毫无兴趣；小明，具有经营思维的自驾达人，驾龄10年，和我一样对摄影充满兴趣；我，驾龄9年，文字记者，出来操练摄影记者加文字记者的活儿。

车上有三个驾驶员，在我们这个团队中算多的了，其他车至少也是两个驾驶员，但没有四个驾驶员的。由于我和小明爱车拍，驾驶技术最生疏的刚哥，到最后是驾驶里程最长的一位，他一直梦想有辆GTI的高尔夫，所以总以手动挡加油的方式来开这辆自动挡的长安睿骋，常被我们指点驾驶技术，这也是我们开车中的一个常会带来笑声的话题。

终于进城了，道路开始畅通，奔酒店而去，此时看到的叶卡捷琳堡，在灰蒙蒙的天气下，在糟糕的心情下，显得老旧。

去酒店途中，我们路遇一家看起来人气很旺的比萨饼店MIA，决定不再去酒店，右转右转再右转，直接吃了饭再回去。

哪知俄罗斯的交规，对右转的定义和中国一些城市是有区别的，没有右转灯，直行是红灯的情况下，右转是违章的，我们车刚一转过去，警车不知从哪里冒出来的，

呼啸着把车队拦下让靠边。

那就只有靠边了，警察叽里呱啦说一通，连比带划，我们明白了是右转闯红灯的问题。

摆事实，讲道理，说友谊，都不管用了，警察要处罚车队中的三辆车。

这一天的心情，就这样宕到了最低点，还能比这一天更不顺利么？

还好，当晚的披萨味道不错，很大块，一盘够三人吃，价格约70元人民币。住的酒店也不错，离市中心不远，虽然很像居民楼，但环境还是不错的，推荐给大家，ГОСТИНИЦа УРаЛ。

俄罗斯的手机上网

进入大城市了，可以买俄罗斯的电话卡了。

我们买的是MIA比萨饼店旁边街角的MTC的电话卡，这是俄罗斯的大电信公司，买到卡之后，拨打*101*1111#，就能把手机资费变为流量使用。

或者，你找店员帮你设置，这家店恐怕是这座城市的MTC旗舰店吧，规模超大。

俄罗斯的电话卡上网是很贵的，我记得这张卡只有300MB左右的流量，但费用却要两百多，要省着用啊！

俄罗斯的破车

今天心情差，我们再来说个不阳光的话题：俄罗斯的破车。

因为堵车，这一天拍了很多车，不是拍豪车，而是拍破车、旧车。

俄罗斯千人机动车拥有量是260辆左右，中国只比其零头高点。但俄罗斯的车之破旧，比哈萨克斯坦好不到哪里去。在路上，你可以看到没保险杠的车、露出水箱的车、挡风玻璃有破洞的车一样在开，有擦挂痕迹的车比比皆是，感觉保险杠就是用来刮的，不用修补。

在俄罗斯，奔驰宝马奥迪等德系车并不占什么优势，日本日产和韩国起亚很有市场，路上豪车比中国少得多，车辆平均破旧水平，感觉和中国稍大点的城市简直没法比，旧车实在太多了！

俄罗斯有一个神车牌子，那就是拉达，一个变形的"L"手写体，英文LADA。拉

1. 我拍车加气时，破车里钻出个帅哥，直比画他的车一级棒！
2. 这算是新拉达了，四驱
3. 刮这么点漆的拉达算轻伤不下火线了
4. 这算是新拉达么？
5. 神车拉达经典款

达在上了年纪的中国人心中，那是驰名品牌，之所以是神车，那是因为你明明看到这个厂牌的车造型老旧，内部空间设计很不合理，但车在路上的保有量很高，特别是一款有点像迷你版老上海牌轿车的拉达三厢轿车，感觉此车从未出过新款，款式就停留在20多年前。

拉达实际上是苏联引进菲亚特技术的车，20世纪70年代开始量产，在苏联是绝对的国民车，买一辆拉达轿车等上几年也不足为奇，还曾进入中国市场，但由于被国家溺爱过度，拉达轿车在苏联解体后开始没落，依靠国家保护和低价战略的拉达轿车并没有投入技术更新，而是继续靠价格战和放开进口的外国车竞争，渐处下风；2002年停产，选择与通用汽车公司合作；不过，2008年的经济危机，通用"泥菩萨过河自身难保"，伏尔加汽车公司的拉达仍难起色。

任何一辆拉达都让你觉得怀旧、复古，包括极少的新拉达轿车。我们都很担心这个厂因为跟不上时代节奏而彻底关门，再也见不到造型如此固执的老车了。

据说，俄罗斯车辆在过了一定年限后是不年检的，命是自己的，车况好不好都是自己的事情，干吗要年检呢？你觉得能开就开，不能开了卖到二手车市场，一样有人收了再开，这也是老拉达大行其道的原因之一吧。

绿灯一亮，"飞车党"开动

俄罗斯的飞车

初到叶卡捷琳堡，有一个印象非常深刻：开飞车。

就在市中心的闹市街头，红绿灯的绿灯一亮，排在最前面的车，一定会一脚油门到底。那阵势，感觉道路就是F1赛道，一脚油门轰下去的声线还没消失，另一脚油马上又给上去，带T的车一定要轰出个涡轮增压的感觉。

能与之一争速度高下的，是大排量的摩托车，听起来都像是消音器改为了扩音器，噪声极大，绝不落于人后。

如果此时我们的车争道抢行，那结果肯定是一起大车祸！如果行人不按照红绿灯过马路，那恐怕命都没了！

我惊奇的是，这里的道路条件是很复杂的，路口极多，只要谁不守规矩，就会出车祸，但只要绿灯亮起，排头的车很少有不这样轰油门提速的，看得人心惊肉跳。

在俄罗斯，"路权"是大家都严格遵守的铁律，一般不会按喇叭的他们，只有一种情况按喇叭：转弯车不让直行车。没路权的让有路权的，不管是车还是人，都要遵守，否则撞了白撞。当然，在没有红绿灯和人行横道线的公路上，车让人就是铁律了，驾驶员会停车让你先走的。

DAY 20
8月19日
叶卡捷琳堡

"滴血教堂"

俄罗斯有两座"滴血教堂",更出名的那座在圣彼得堡,新的一座在叶卡捷琳堡,两座都和杀死沙皇有关。

不同的是,在叶卡捷琳堡,和末代沙皇一起被处死的,还有他的妻子和5个孩子,最小的13岁。

当年下令在叶卡捷琳堡处决沙皇全家的托洛茨基,最终被刺杀于墨西哥,而他曾坚称无罪,不该被自己牵连的两个儿子,一个被枪决,另一个在动阑尾炎手术时莫名死去。

几乎没有人去纪念托洛茨基,但在处死末代沙皇全家的地方,10年前建起了这座滴血教堂。

一个阴郁的故事,不能阻止今天天气的变好。在叶卡捷琳堡这座连名字都透露着历史感的城市,我们停留一天,

"滴血教堂"

去感受俄罗斯第三大城市的前世今生。

滴血教堂的位置挺好找。这座拜占庭式的建筑，金色的洋葱头在叶卡捷琳堡市中心的伊赛季河畔很显眼，它的尖顶是最高最亮的，车顺着圆顶方向开过去就是了。

在欧洲很多城市，教堂往往是一座城市的标志性建筑，也记载着一段段的历史。我们错过了阿斯塔纳的努尔清真寺，不能错过这一路上其他的著名教堂。

在去滴血教堂前被告知，如果是女士前往，需要在进门前用头巾包头，这个规矩其实适用于俄罗斯、白俄罗斯等的许多教堂，此外，这个教堂不允许拍照，有专门的人盯着这事儿。

滴血教堂位于公路边的高处，需要上一坡台阶，这就让滴血教堂看起来比平视更加威严。也许是当时的天空太过干净清晰，一时间我幻觉这座逆光的金色教堂暗带血色。

教堂门口立着一座雕像，上面是围绕着盘旋上升的台阶的七个人，最前面的是抱着14岁儿子的末代沙皇尼古拉二世，他的背后有座十字架。沙皇在俄罗斯的教会中具有崇高的地位，以至于死于1918年7月16日的末代沙皇，在这里已经被上升到圣徒高度。

走进教堂，里面正在进行一场唱诗活动，教徒们肃立，烛光跳跃，你会觉得走动一步好像都是不妥的。于是，静默，听着庄严的唱诗萦绕耳畔。

教堂里面据说有在俄罗斯花最贵的钱请画师画的圣像，还有历代沙皇像，画得确实精美，只可惜不能拍。另外，有专门的陈列室讲述历代沙皇的历史，虽然看不懂文字，不过很多生活场景图片都很鲜活，感觉到沙皇生活化的一面。里面还有一个小型壁画展。有纪念品出售的地方，我在这里买了一张唱诗碟，因为刚才那声场让我觉得心中宁静。

唱诗结束，主教给抱着孩子来的教徒的孩子们施礼，我静静地退出了教堂。

教堂左后方的空中花园建筑群，是难得的英式风格，建于17世纪末期，庄园主到死都没看到完工。建筑群很有特色，可以去看看。

谢瓦斯捷娅诺夫宫

电车之城

从教堂出来，蓝蓝的天空散布丝丝白云，是时候在室外感受一下叶卡捷琳堡了！

在市中心的伊赛季河畔，一场大型的纪念活动正在搭设舞台，舞台上写着"1723—2013"，就是这座城市的全部历史了。

叶卡捷琳堡建于1723年，以俄罗斯女沙皇叶卡捷琳娜一世的名字命名，她也是彼得大帝的妻子。现在叶卡捷琳堡和圣彼得堡还在遥遥相望，后者一度改名为列宁格勒，现在又改了回来，正如一度改名为斯韦尔德洛夫斯克的叶卡捷琳堡。

走在市中心的列宁大街上，在伊赛季河畔，看到了一座高大的青铜雕像，上面的两个男人是这座城市的缔造者——塔季谢夫和根尼。炮兵学校毕业的塔季谢夫后来成为俄罗斯杰出的政治家、历史学者和人类学者，根尼则是一位采矿和冶金专业的工程师。1723年，他俩奉彼得大帝命，来到矿藏丰富的乌拉尔地区建造欧洲最大的冶金厂，这就是建城的时间点。

从电车上下来的乘客边打电话边赶路

双节斗电车

双节斗电车

路的另一侧有一座非常醒目的粉绿色系的建筑，谢瓦斯捷娅诺夫宫，这座感觉很小清新的建筑，风格与俄罗斯传统建筑迥异。2009年这里开过"金砖四国"首脑会议。

河和河坝，也是很漂亮的风景。河边有两座古色古香的青铜凉亭，河的栏杆上挂满了同心锁，有一把巨锁比人都宽，也不知如此大锁锁住的两个人现在如何。

河坝前的广场，是街拍路人的好地方，当然，我把相机换上了长焦镜头，坐等！就算旅行社选了叶卡捷琳堡，也不可能让你有时间街拍路人吧。

穿河而过的桥，连通了叶卡捷琳堡最重要的一条道路——列宁大街。路的中间，是有轨电车的线路，另外的车道上，从红绿灯处启动的各个牌子的车都在疯踩油门——桥上是不会有人有车横穿的。

此行我发现了一个有趣的现象，从进入俄罗斯开始到德国，我们经过的每一个大城市必有电车。这种被中国几乎所有城市淘汰的交通工具，被沿途大量保留着，在所有这些城市中，叶卡捷琳堡的有轨电车是最为漂亮的。

叶卡捷琳堡有30条有轨电车线和16条无轨电车线，占所有公交线路的一半，这些电车占据着道路中间的最佳位置，涂装得比谢瓦斯捷娅诺夫宫都要花哨，有单车厢的、有两节拼接但中间没有连通的，看一眼就让人觉得眼前一亮。

此前翻看新闻，发现一条：2013年8月13日，低平面有轨电车当天在叶卡捷琳堡市试行驶。比起现有的有轨电车容量增加近40%，可容纳210人，为迎接即将到来的2018年世界杯足球赛，叶市计划更换公共交通车辆的50%，车辆由军工企业乌拉尔运输车辆厂生产。

由此可见，俄罗斯还在奋力对有轨电车进行技术更新，2018年去俄罗斯看世界杯，口号会不会是"坐电车，直通绿茵场"呢？

今天我"吐血"奉上了在叶卡捷琳堡拍摄的各色电车画面，请各位电车痴汉们收图了！

拍了大半个小时的电车，忽然发现，电车线路的一段停电了，我"滴个神"，这

下这座城市该怎么运转啊!

  沿着周边几条街都走了走，街上有很多银行网点，发现俄罗斯的银行还真不少，不过要找有银联标志的取款机还真不容易，好不容易才找到一个——用前面提到的三峡银行的卡，在这里我免手续费取到了一些现金。

  这条大街我在当天傍晚还来走了一趟，当晚的霞光很诡异，只怪我去的时间稍晚，没照到几张好图。

  听人提到过的瓦伊涅拉街没能去到，那里是叶卡捷琳堡最老的一条街，也是条步行街。

  我们后来还去了叶卡捷琳堡火车站，看当地人是怎么坐火车的。

  俄罗斯的火车站是绝对值得一看的，几乎座座都有极其漂亮的外观。叶卡捷琳堡火车站看上去像一座博物馆，标志是左边欧洲右边亚洲中间叶卡捷琳堡，显示了其在欧亚大陆分界上的重要地位。

  火车站前广场上，有一座坦克志愿者雕像。"二战"时，乌拉尔的军工厂将武器弹药源源不断运往前线，包括坦克。坦克得有人开到前线去，他们就是坦克志愿者，有的坦克志愿者一到前线来不及换人就直接投入战斗，有的被炸死在路上，他们不是坦克兵，但比坦克兵更加可歌可泣。

　　这一圈的建筑都很有特色，都值得一拍。

　　叶卡捷琳堡市区是给我留下很好印象的地方，你能感受到历史，就算在零星的玻璃幕墙的高楼下面，也可能看到木屋。

1.电车停电了，无奈下车的乘客
2.列宁广场上的少女
3.月上时分，叶卡捷琳堡笼罩在金色之中
4.伊赛季河的晚霞

欧亚大陆在此分割

火车站的标志是欧亚大陆分割线，叶卡捷琳堡专门设了一个欧亚大陆分界线纪念碑，可见对这个界线的在乎，在出城往彼尔姆方向去不远处，这是但凡到叶卡捷琳堡来的人大致都想去的地方吧。

我们也不免俗，反正有车，比自由行有优势，不用专门租车去这个前不着村后不着店的地方，这就是我们下午的第一个目的地。

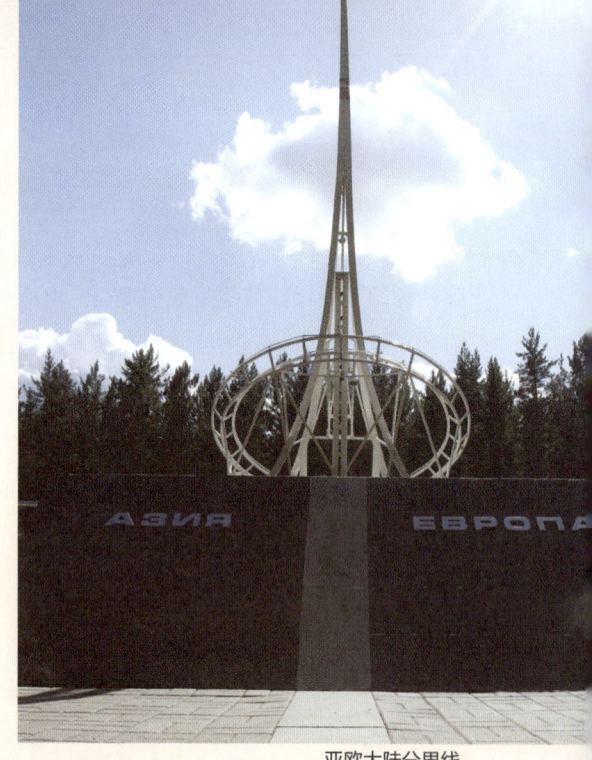

亚欧大陆分界线

欧亚大陆分界线虽是大家心中的"必去"的，但到了这里，就只有一个很小的纪念碑，左欧洲右亚洲，中间一条线，旁边是高高的松树林，有一个金属天鹅雕塑和一些让人们拴祈福丝带的地方。这里也只有一家老店，顶上左鸡右龙，店里面的纪念品还不完全同"欧亚大陆分界"有关，在店堂里可以顺便喝杯咖啡。

顿时就感慨了：如果这个地方在中国，怎么可能才一家店？别说店，就是卖肉串的、卖茶叶蛋的、卖纪念品的也能把这里围得严严实实啊，这样有纪念意义的景点还不收门票，完全没有经济头脑？

但俄罗斯大叔就是没收费，随便拍！我帮一位俄罗斯人拍照之后，不知他从哪里摸出来了一瓶香槟酒，倒了半杯给我，开心地叫我和他干杯。

尽情地在这里摆拍吧！飞越分界线、跑过分界线、脚踏两个洲，反正没啥纪念品好买，必须把照片留足啊！

分界线下，标有到一些重要城市的里程，比如"巴黎：4546"，够远的。

亚欧分界线有两座，这座新的好找些，那座旧的可以不去了。

军迷圣地

叶卡捷琳堡建城以冶金业开始，造电车的都是军工厂，来这里，不看看军事博物馆是万万不能的。

"二战"时有一句话，叫作"乌拉尔打败了德国"，说的就是叶卡捷琳堡的前身——当时的斯维尔德洛夫斯克是当时苏中央军区司令部所在地，当时苏联将437家大型工厂转移到乌拉尔地区，这个战时的"大后方"。许多工厂在露天条件下就投入运行，源源不断输送军械，这也让战后的叶卡捷琳堡依然是军工业的重地。

叶卡捷琳堡有两座军事博物馆，一座公立，一座私立，公立那座周一放假（俄罗斯一些博物馆休周一），小一些，以文字和图片为主，但里面存有世界上第一把AK47。AK47总计生产一亿多支，是世界上的枪王之王，是苏联枪械大师米哈伊尔·季莫费耶维奇·卡拉什尼科夫的杰作。这个军博重点介绍他，还有就是苏联军神朱可夫，另外还有冷战时击落的U-2侦察机残骸。

推荐各位去的是私立的军博。这家军博不会介绍冷战，也拿不到祖师爷的AK47原版，但其室外展场展出的军械之多，甚至还有现役军械。各位看惯了北京军博的军迷们，叶卡捷琳堡私立军博千万不能错过啊！

这座私立军博离亚欧分界线也就20分钟车程吧，已经是另一个方向回城的路上了。我们去的时候快要关门了，没办法去展馆，就在外面看了一番，不过这外展场可是个超级军火库啊，把资深军迷的副团长兴奋得赞不绝口："现役货！现役货"叫个不停。

让他激动的，有20世纪60年代打掉U-2的萨姆-2导弹，苏联第一代中、高空防空导弹；有编号51的米格-25战斗机，这是世界上第一种速度超过3马赫的战斗机；有苏军为之骄傲的世界首创的可变后掠翼重型战斗轰炸机苏-24，它是第一种能进行空中加油的战斗轰炸机；有著名的飞毛腿导弹和Mi-24雌鹿直升机。

非军迷的我，看着这么多真家伙就在眼前，也激动不已，不过我说不出什么道道，大家看图说话吧！

开车去柏林

开车去柏林 119
DRIVING TO BERLIN

迷路

DAY 21
8月20日
叶卡捷琳堡到彼尔姆

"百度"彼尔姆，能得到的资讯不太多，甚至有一些非正面评价。不过亲历之后，这座城市带给我们每个人的感受都是非常惬意的。这是一座很文艺范儿的城市。

当然，好印象也包括彼尔姆街上能看到一众美女。

从叶卡捷琳堡到彼尔姆，路程约400公里，路本身主要还是那种不收费国道，只是频繁的修路让我们下道后迷失了方向，在错误的路上行驶了很久，以至于我们连吃午饭走了9个小时。

早晨10点出门，晨光中的叶卡捷琳堡依然漂亮，出城

1.好风光，但却是错误的路
2.午饭时的格桑花

方向还看到不少华丽的建筑，这城市确实是值得驻留至少一天的。

郊外，意外地发现了宜家，宜家店面居然还立有俄文的拼写方式。俄罗斯人对本国语言坚定地使用，对英文的抗拒，是我们后来越来越感受深切的。

开行一个小时后，有到彼尔姆的左转分路，路标基本认得出是彼尔姆。转过去之后，发现这段路有很多两车道变三车道的再变回两车道的路段，这些路段显然就是拿来让你超越前面的大货车的。一旦遇到这样的路段，一定要珍惜超车的良机，车队头车及时通报，大家都做好轰出个涡轮增压的准备。

我们9个车的车队，特别是有一辆提速能力不佳的金杯车，在一次两车道变三车道的路段，要完成全车队超越是比较困难的。不强行超车是保证安全的关键。

沿线的树林越来越茂密，很多土地犁过了，黑黑的土壤准备着秋季的播种。俄罗斯是小麦生产的大国，这里的土质给人的第一感受就是肥沃。

午餐，还是找的路边店，店外面的格桑花开得实在太艳了，就这里吃吧。

红菜汤，是俄罗斯餐食的重要一道，汤红得发紫，一路红菜汤吃过去，我们学会了在店家即将在红菜汤里面加一勺奶油的时候大喊"No，no，no！"否则会觉得很腻。

路边摊接待31个人还是有问题的，主食有的是不错的牛肉饭，有的就是味道寡淡的意粉了。不过，意外发现店里面有蛋卷冰激凌，顿时就开心了；不开心的是，食店自己的厕所都要收费，真是不顾及顾客的感受。

下午最大的惊奇，莫过于看到了路边的警车是重庆的力帆轿车。这个中国人未必知道的轿车品牌，在俄罗斯却有相当不错的市场。我们车队在俄罗斯做的保养，就是在力帆的莫斯科4S店，不过能让警车都用上了力帆，力帆俄罗斯公司的营销确实有本事。

惊喜之后，就开始遇到修路堵车路段，有一段路彻底封闭了。我们下道找路，导航软件测算出来的正确道路，竟然是一条烂得一塌糊涂的机耕道，比村道都不如，开得我们痛不欲生，几次都觉得是不是开到最后会无路可走。

总算走出来了，导航继续乱来，这回把我们引到了一条简直像森林公园的路上去了。两边树林高耸，让我们又有了车拍的兴致，但大家心里都在嘀咕，到彼尔姆的路，应该有条大路吧，怎么像是要去度假区？

瞎折腾了快一个小时，路边有个加油站，不敢再走了。问路，加油站两辆加油的车都热情地表示愿意带路，其中一辆车上还是两位美女！大家顿时都打了"鸡血"，原路折返！

两大美女把我们带到了正确的路上后，表示家里还有急事，不能再带一程了，我们赶紧拿出小礼物来感谢，两大美女笑颜如花。

修路加上走错路，总共耽误了两个小时，顺着正确的路驶向彼尔姆，道路状况比上午更好了。

虽然导航软件很细小的路都能找到，但完全相信导航软件，在修路这种状况下还是有问题的。在乌鲁木齐，在今天，修路都让导航软件把我们带到了错误的路上，旅行中最最靠谱的，还是认识路的当地人。

路上本来有个彼尔姆36号纪念馆，这里是当年古拉格的重要阵地，为了防止"犯人"搞清楚自己被关押的地方，不惜砍光了周围所有树木，这情形让人想起了2013年的大片《插翅难飞》。时过境迁，现在这里成了展示古拉格这段可怕历史的展馆，若当天到得早，可以去看看。

街头的参与性雕塑

晚霞中的文艺范儿

进城路上一座正在修建的大教堂出现，意味着彼尔姆到了。

这座城市有条最主要的道路，我们就顺着这条路开，一路上依然是有轨电车相伴，不过远比不上叶卡捷琳堡的漂亮。

开了一阵，进入城市中心区了，两边的建筑一下子就"高端大气上档次"了。房屋色彩粉绿、淡黄、泥红，带着古典的味道，圆弧的窗棂，尖尖的屋顶，一条大街上的每栋建筑是不同的外立面风格，相机手机一起上都拍不及，刚才老旧的印象一扫而光。只可惜在俄罗斯任何一个城市上空都是电线如蜘蛛网密布，车上要拍张不带电线的照片几乎不可能。

大型水族馆、大酒店都有了，看来城市不错，这条街名字也叫列宁大街，和叶卡捷琳堡是一样的，我们的酒店就在街旁。

酒店门口的街头，是一组很有意思的金属雕塑。一个摄影师在老式相机的背后，头埋在遮光布里面正准备拍照。相隔5米的地方，立了另一个金属雕塑，是一个长着大耳朵的头型轮廓，好多路人都把自己的头放进那个金属轮廓拍照，每次都会伴随一阵欢笑。

这雕塑让我们没放行李就排着队去拍照了，也是一阵笑声。

雕塑旁边有一个列宁的浮雕，和其他城市的列宁雕像不同，这个浮雕是白色的，而且还有鲜花的花环，美感顿时提升了。

冲着门口的两座雕塑，酒店就不会差到哪里去了。入住进去，房间果然是不错的，虽然还是临街，半夜可能有"跑摩"骚扰。推荐这家酒店，名字叫прикАмьЕ。

出门吃饭，为了多留点时间拍拍这座城市，我们选了麦当劳。

麦当劳哪里都人多，我们坐在了室外，这里是一个路口，过上过下的人非常多，"小白"镜头又能派上用场了。

1. 快要被拆掉的建筑
2. 夕阳下的蒲公英
3. 河边的恋人

就在吃麦当劳这会儿，拍到了共进晚餐的美女、公交车站拥抱的恋人、下班骑车的壮汉，吃饭都变得次要了，没带"小白"的队友央求着借"小白"一用。

天色不早了，沿着列宁大街走走吧。一路往卡玛河边的方向走去，列宁大街和卡玛河是垂直的。

街道两旁的建筑都挺有味道，走到道路的尽头，有一座教堂和一个广场。再往河边走一点，霞光映红了河面，斜阳从卡玛河大桥上落下，金色的光线穿透了岸边草坪上玩耍的学生的头发，穿过了恋人相连的唇瓣，也穿透了蒲公英的降落伞。

　　这场景温暖而惬意，拍着这些灿若桃花的笑脸，我在想，一路旅行，除了看不一样的风景，也是为了看到不同面孔的笑容，感受不一样的人文气质。风景年年如一，风景里的人，每一分钟都不同。在这里，我也能感受到他们的快乐，这快乐与这城市，与这夕阳，是那么的和谐。

　　河边遇到了一群留学生，一位来自非洲的留学生发现了我这个中国面孔，一定要看我拍的照片，他一张张点评了个遍，英语并不好的我和他们一伙人打得火热。

　　往回走，黄昏的光线中，两边高中间低的列宁大街尽收眼底，远处的车灯静静流动。

　　快要走回酒店的时候，发现两位美女正在街上摆各种造型拍照，我把她俩当作了拍摄对象，马上也定点开拍。可能是相机的镜头不行，两位美女对拍的照片总是不满意，反复重新拍摄，几分钟时间，天光又暗了一些。

　　于是，我自告奋勇上去了！我来拍，用我的"小白"，上在她们的镜头上！

开车去柏林 **127**
DRIVING TO BERLIN

河边的笑意

  俄罗斯美女都是很好打交道的，两位美女当即应允，看到街上冒出个貌似专业的摄影师，两大美女摆造型摆得更加用心了，我"咔咔咔"，拍得简直是一身汗水啊！当然，汗水也包括冒充专家的紧张。

  好了，接下来就是我的目的了：镜头换回来，用我的相机来拍。

  两位美女先是分别摆造型，接着一起摆造型，在列宁大街的街角完全不顾周围路人，给我卖力地当着模特。我真是可以清晰地感觉到光线每一分钟都在迅速减少，技术又不精，没拍到足够多的满意作品，心里那个着急啊！

  最后，惯用方式：留邮箱、发照片。两位美女的英语水平几乎为零，沟通起来有困难，不过，为美女服务是我的职责，最终拿到了电邮。

  收获满满，回到酒店，彼尔姆真是个好地方！

10000公里

从彼尔姆到喀山，这是我们的行程在俄罗斯境内最远的一天，长达720公里。

此前只有在中国境内才跑过这么远的路，在俄罗斯非高速路状态下跑700多公里，那就得起个大早，我们的出门时间，选在了8点。

而且，这一天我们又可以"赚"两个小时。面积太大的俄罗斯，不是执行的一个时区，喀山时间比彼尔姆晚两个小时。

早上是我开的车。穿过卡玛河大桥，被警察拦下，说了半天不知道说的什么，最终警察放行，虚惊一场。

"森林俄罗斯"的感觉在延续，白桦树在路边更多更厚，开起车来还是挺舒服的。中午时分，忽然看到路边高

DAY 22
8月21日
彼尔姆到喀山

我们好多人都在中途休息的草坪上拍了这一张照片，权当是运动？

台上摆着一辆被撞得稀烂的轿车，看来是交警的杰作，这种警示在中国某地也当作新闻报过，确实吓人。于是，我们在一片香蒲地旁停车、休息、吃午饭。

午饭是在路边超市买的，红肠加面包、纯净水，一次性买31份。俄罗斯人再次显示了效率慢的特点，等得我们把香蒲都看成红肠了。

俄罗斯的红肠都是好味道，有车载冰箱的话可以备一点。俄罗斯人比较喜欢喝苏打水，酒店房间如果赠送水，一般是一瓶纯净水一瓶苏打水，超市里面苏打水也占有很大市场。长途开车坐车，胃消化变慢，我个人觉得喝苏打水胃要舒服点，但不能喝太多。

下午继续赶路，路遇一个LUK标志的加油站，这是我们第一次在露天加油站加油，确实是相当奇葩，真不知道下雨天是不是就加成了油水混合物了。

那为啥还在这个加油站加油呢？因为LUK和此前我提到的A3C这两个连锁加油站在俄罗斯网点都非常多，油品比较放心，此前走过这条线路的朋友在俄罗斯油品不好的加油站有过惨重的教训，油出了问题车就可能跑不到终点。

这一天都在和大货车玩超越。俄罗斯的大货车交通规矩是很好的，很少有大货车占超车道的情况，不过大货车一般都是MAN、奔驰、沃尔沃、SCANIA等牌子的，也是很能跑的货色，每次超车都得集中精神，毕竟很多路段都是两车道。

途中又被警察拦下了一次，我们的神经都绷紧了，还好，警察只是例行检查了一下，我们并没有在他眼皮底下超速什么的。

超速这事儿，得啰唆一下：在俄罗斯，是有一些路段有限速的，所以"电子狗"还是要开启的；另外，头车的眼睛一定要尖，主要是防止警察在警车上打超速，俄罗斯有的警车在路边停得很隐蔽，哪个车发现了都应该对讲机通报。

我们的7号车，随即迎来了历史性的时刻：里程表显示，刚好10000公里了。

这10000公里当中，包括了在重庆跑磨合先跑的1200公里，不过这也让我们车上的人小小感叹了一把——出来的时间未到一半，路程却早已过了一半，这一路，我们已经走了太长、太远了。

我们发现俄罗斯尽管地广人稀，但进入大城市的时候，堵车总会发生，叶卡捷琳堡如此，后来的莫斯科如此，晚上六点过到喀山的时候，正堵得花儿开。

还好我们选定的吃饭地方，是位于城边的一座中餐馆——唐都酒家。中国人沟通起来方便，店家已经早早把饭菜准备好了，味道一般，不过对于中午啃面包加肉肠的人来说，就是幸福了。

我们在喀山选的酒店，就在市中心，酒店的名字是Tatarstan，意思是鞑靼斯坦，喀山是鞑靼人的故乡。酒店用一个共和国的名字，如此霸气外露，当然应该在市中心。

这是一家位于市中心直接面对喀山步行街的三星级酒店，但酒店的大堂，让人觉得像是招待所，房间和床依然是小的，我一直怀疑，是不是俄罗斯更高星级的酒店也是小房间小床。

月亮已经升起，到门前的"喀山步行街"去逛逛吧，这条大街叫鲍姆玛，相当于北京的王府井大街。

入夜的步行街，两边并没有什么大商场还在营业，人也不太多，一组关于大运会的标志牌还立在步行街的街口，想起一个月前还在看大运会的新闻，一个月后，居然就来到了喀山。

能举行大运会的城市，总应该和文化有很大的关系。喀山是俄罗斯的三大历史文化名城之一，这里有著名的喀山大学，托尔斯泰和列宁都是这所大学的学生。

步行街上最打眼的建筑，是一座通体红砖的教堂，中间高耸，顶部像是人的帽子。给我的第一感觉是把红砖的堆砌发挥到了极致的立体，高高的塔尖，让人觉得有几分的威严，白色的灯光打出来的夜景凹凸效果，非常令人震撼。

教堂下面有个小广场，人们静静坐着闲聊，步行街上，各种小贩都活跃着，也没有城管来管，有个小贩架了一台天文望远镜，对着月亮，20卢布看一次，生意极好，大家都想看看这轮圆月上究竟有什么。我忽然想起，今天是七月半，中元节！这不是

红砖的教堂，我一直未查实它的名字　　　　　　　　　中元节，喀山步行街上看月亮

"鬼节"么？

步行街上，有玩蛇的女子，有画像的画师，还有卖唱的歌手。我很难描述那穿着毛背心的中年男人的歌声有多凄凉，几个路人随着他一起唱了起来，风中的步行街没有多少回音，我一时没找到散碎卢布，直接投了人民币。

我把歌声录了下来，一直听他唱了一刻钟，也许是他唱得我想家了。

继续往前走，路边有卖喀山纪念品的专卖店，人气旺盛，进去买了顶别满徽章的帽子和一套明信片。

往回走出步行街，在过马路的地下通道，又听到了另一个非常好听的男声在卖唱，又一次驻足，给钱，录像。

10000公里，真的是唱得我想家了。

开车去柏林 DRIVING TO BERLIN 133

DAY 23
8月22日
喀山

克里姆林宫的凄绝故事

　　在俄罗斯，克里姆林宫并非只有一个，而是四个。

　　克里姆林宫，俄语里面就是"内城"的意思，不是一种专属的名称。

　　去了喀山和莫斯科的克里姆林宫，虽然后者的名气远远大于前者，但，如果要我选一个更喜欢的话，我会毫不犹豫地选前者。

　　原因是：在喀山克里姆林宫，一样的恢宏，而里面的游客数量很少，我没有觉得来到了一个商业化的景点，可以静下心来体会这座多种文化融合的建筑群，看到欧洲最大的清真寺，听到"笃笃"的马蹄声，想到那个凄绝的故事。

——400多年前，冷酷好战的伊凡雷帝自称俄罗斯第一任沙皇后，攻占喀山，对鞑靼人进行血腥屠杀，焚毁建筑，但当他见到了喀山汗国的皇妃苏尤姆别卡，当即被她的美貌所吸引，打算娶她为妻。

国破家亡的苏尤姆别卡答应了，她向伊凡提出，在7日之内为她修建一座高塔。

千金难买美人笑，伊凡雷帝下令工匠们不分昼夜地修建了这座七层高塔。完工之后，苏尤姆别卡说，她要登上塔顶向自己的子民和城市告别。

登顶之后，她纵身一跳。

伊凡雷帝最终没能得到美人，而这座七层之塔，也因为建造速度太快，地基不稳，成了斜塔，到现在已经向东北方向倾斜了1.9米。

斜塔是斜塔，质量却没的说，400多年屹立不倒，这也让我们能从斑驳的红砖去回味这段往事。

我们是下午6点才来到喀山克里姆林宫的，这里就在市中心附近，阳光斜斜地射下来，让宫门前的一座戴着镣铐的雕像逆光着，这座雕像也代表着喀山鞑靼人不屈的抗争。

喀山克里姆林宫门口的斯帕斯基塔楼，白白的，被斜阳镀上了金光，一位没穿上衣的老者，至少七旬，骑着自行车戴着头盔驶过塔楼门口，和我们挥手致意，中国人在这里仍属于稀有品种，在莫斯科的克里姆林宫刚好相反。

穿过塔楼，"笃笃"的马蹄声传来，一位穿着正装的女骑士驾驶着马车，沿着这条大道望过去，右边是一排房子，现在已经是鞑靼共和国总统府所在，但一点也看不出政府的感觉，远远的是圣母领报大教堂，和著名的苏尤姆别卡塔了。

不想就这么一竿子走到底，于是从左边铁栅栏门进去，人很少，可以随意小坐，感受这皇家的氛围，还有各种风格建筑的融合。

鞑靼民族本身受多种文化影响，自身也有很多的分支。这座400多年前修建的壮

库尔·沙里夫清真寺

斯帕斯基塔楼

宫内看宫外

宫外看宫内

观城堡，受斯拉夫、蒙古、鞑靼、俄罗斯和意大利等多种文化的影响，在城中甚至还可以找到伊斯兰教和基督教文化的痕迹，这种融合，在俄罗斯，甚至在世界各国的城市中，都难觅其踪。

喀山克里姆林宫外面围着一道围墙，具有环形洞穴和13条斜脊，顺着城墙走过一个拐角，眼前就是欧洲最大的清真寺——库尔·沙里夫清真寺了。

库尔·沙里夫清真寺建筑基体是白色的，主体建筑四角竖立着高耸朝天的喧礼塔，主体建筑的圆顶是蓝色的，喧礼塔高度都为57米，建筑门窗是哥特式的，高窄尖角呈郁金香型，整座建筑呈现鞑靼装饰艺术的风格。

清真寺旁边的地面分为两层，上层是宗教用，下层是博物馆。不管在哪一层，这座清真寺看上去都很雄伟，又与环境充分融合，还能感受到不管是它本身还是周围环境都相当的干净。

清真寺的名字取自库尔·沙里夫的名字，他的很多弟子在1552年的喀山保卫战中牺牲。和当时其他在喀山的伊斯兰建筑一样，清真寺被伊凡四世用战争摧毁，而当时的那座清真寺就以壮美而闻名。

说到这里要"吐个槽"：苏尤姆别卡塔就修建在库尔·沙里夫清真寺旁边200米开外，看到自己国家最著名的清真寺被摧毁，站在苏尤姆别卡塔上的美人，心中会是怎样一种感受？伊凡雷帝仅用武力来征服喀山，但这种做法，岂能俘获美人芳心？

看到这里需要讲点历史了：1991年苏联解体，400多年前被沙俄占领土地的鞑靼人，希望脱离俄联邦的势力，于次年发动了一场全民公决，结果希望独立的人占全共和国选民的61.4%，俄联邦随后与鞑靼斯坦共和国签署条约，鞑靼斯坦成为俄罗斯联邦内具有特殊地位和特权的国家。

1995年鞑靼斯坦共和国总统决定在原址重建库尔·沙里夫清真寺，新清真寺1996年2月21日奠基，2005年7月24日，在庆祝喀山建城1000年的庆典上，清真寺宣布落成。接近十年才修好的这座欧洲最大清真寺，也是一座重要的伊斯兰博物馆。

其实就和克里姆林宫外拴着脚镣的金属雕像一样，鞑靼人始终更认同自己的文化，但他们绝不会像当年伊凡那样，再去摧毁一次苏尤姆别卡塔。

清真寺下面的鞑靼博物馆，是可以进去参观的。顺便，你还能看到整座克里姆林宫的全景模型，用"360相机"的移轴功能，应该可以拍到有趣的照片。

这片区域值得让你拍照的，不止这座清真寺。我一直想上到城墙上，去拍摄外面

在克里姆林宫内拍照的一对新人

的风景，当时是不允许的。

　　穿过一个门洞，就来到了圣母领报大教堂，再往外面走一点，就是苏尤姆别卡塔了。圣母领报大教堂是伊凡雷帝建造的，他是虔诚的东正教徒，蓝天白云下，莲花瓣状的教堂屋檐，和蓝色的洋葱头顶，把白色的教堂映衬得很童话。旁边的苏尤姆别卡塔，毕竟是7天就完成的建筑，和这座教堂相比，建筑本身是远远没有它漂亮的，更不用说和库尔·沙里夫清真寺相提并论了。

左边苏尤姆别卡塔，右边圣母领报大教堂

我又想到当年那位美人了。伊凡雷帝七天建了这么座塔，和那座被摧毁的清真寺相比，可以用简陋来描述，而自己若是认灭国灭家者为夫，必被万人唾弃，跳则人死，不跳则心死，倒不如一跳，千秋留名。

我们是不能完全用艺术的眼光，去看待苏尤姆别卡塔的。它是喀山克里姆林宫里面最久远的建筑，它背后的故事，则是鞑靼人和俄罗斯民族纠结的历史。

而且，这是一座少见的斜塔，很难拍出正的效果的！不信你试试。

塔是进不去的，不过就算站在塔边，也能看到城外宽广的世界。卡赞卡河在这里就像一座湖，在斜阳下熠熠生辉，如果能到七层的塔顶，喀山全城应该就能尽收眼底了。

庭院深深，花儿映晚霞

又扯到美人身上了。苏尤姆别卡当年，就算是在塔下还有一念生机，登上塔顶的时候，看到城下生灵涂炭，城已不城，那种悲凉，也会到了极致。

在喀山克里姆林宫，游览线路是条环线，我发现身边的游客，转过来转过去都会在另一个地点碰到，可见游客数量是相当有限的，也许这和我们来得太晚有一定关系。但我在这里的收获，是远远大于莫斯科的克里姆林宫的，至少，我能静下心来体会，没人干扰。

沿着笔直的宫内道路折返，这就是宫内的"主干道"了，尽头是斯帕斯基塔楼，夕阳如血，已经在这宫内流淌了400多年。

去列宁和托尔斯泰的教室坐坐

比尔·盖茨、乔布斯和扎克伯格,都辍学创业而事业有成,而列宁和周恩来,因为参加革命运动,被迫离开自己的母校。

今天,喀山大学门前矗立着俄罗斯唯一一座列宁年轻时期的塑像,披着衣服的他似乎要去远方——倘若当年他没有被学校开除,而是在这里像一个"五好"学生一样完成学业,在美女如云的喀山讨个老婆,结婚生子,那这世界的历史,也许就要改写。

来到喀山,去看看喀山大学是很有必要的。喀山是俄罗斯三大历史文化名城之一,一座著名的大学,就是这座城市的文脉菁华。

喀山大学是俄罗斯第三所大学,它的名气,甚至超过了莫斯科大学。

喀山大学位于这座城市的克里姆林大街，不过来到这所著名学校的时候，感觉这里实在是太小了，不像一流大学的样子。我们请了喀山大学的中国留学生做向导，才知道他们是生活在学校外面的，政府给学生在外住宿舍是有补贴的，不分国籍，一个月住宿费只需要60卢布，相当于人民币10多块钱，除了卫生间是共用的，其他都还不错。

喀山大学的主教学楼，对列宁和托尔斯泰所就读过的教室进行了保留。这座主教学楼本身，也是当地的著名建筑，看上去有几分像议会大厦。

进入主教学楼，上楼来到学校的荣誉陈列大厅，找了半天没找到列宁的照片。但看到了很多人的相片、手稿、眼镜、墨水瓶等东西。

学生们说，喀山大学是一座名人辈出的地方，这里走出去的科学家和社会学家当中，有发现化学元素钌的克劳斯，有电子磁共振的发明人扎沃伊斯基，声学磁共振的发明阿尔特舒勒等。但学校并没有因为走出去了列宁和托尔斯泰，就觉得怎样怎样。

这一点可以找到证据：主教学楼的门前，立着的是青年列宁像，不是伟人列宁像，列宁在这里就定格为一个学生，而非一个伟人。

学校的陈列细看是很有意思的，俄文手稿看上去顿时就比店招店牌上的好看多了。

陈列室里面保留着一间教室，这就是列宁和托尔斯泰就读过的教室了——他俩居然是在一间教室读书的。

学校教室每排座位之间，窄得出奇。仔细观察一下，

1. 喀山大学校内建筑
2. 青年列宁像

其实座位和桌子是一个整体，座位其实是课桌的一部分，所以节省了空间，但你一要挪动座位就需要搬动整个后排的桌子，想必不现实，只能老老实实坐着读书，而且桌子本身倾斜度很大，不把书按着书就可能掉下去，这恐怕都是让学生在教室认真读书少去"泡妞"的设计。

这个教室共有七排座位。管理员介绍，列宁最爱坐靠窗第二排最靠边上的座位，托尔斯泰爱坐在第四排靠中间过道的座位。

找到了他二位的定位，自然要去感受一下伟人和文学巨匠的气息，拍照吧，这个留作纪念比什么纪念品都强。

喀山大学能被称为"校园"的区域不大，学校很多区域是没有围墙的，不过规模远远不如学校在城中和城在学校中的牛津、剑桥大学。在这里随意走走，也能感受到一种安宁的氛围，那白墙之下，蕴含着整个俄罗斯东部的知识宝库。

列宁和托尔斯泰就读的教室，二排最右是列宁的座位，过道偏左第四排为托尔斯泰的座位

卡赞河上的游艇

卡赞河上的彩虹喷泉

  喀山没有"山"，翻译为"山"，实在有点委屈这座傍水的城市。

  喀山这个词，据说意思是"大锅"，说的是整座城市就像一口大锅。没想到的是，在城里面真的就建了一座大锅状的建筑，下面如熊熊火把，上面就是一口硕大无朋的"铜锅"，"锅"上面可以站人，目测高度差不多就能俯瞰喀山全城了。

  总觉得这种"大锅建筑"不像是俄罗斯风格，倒有点中国味道。如果这口锅出现在国内某市，估计会引发极大的争议，点差评的会不少。

  有水的城市，再有一段历史，那就很有魅力了。在喀山，我印象最深刻的街景就是喷泉。这座城市把一些水系引入了城内，就算小小的一条水道，上面也可能架设

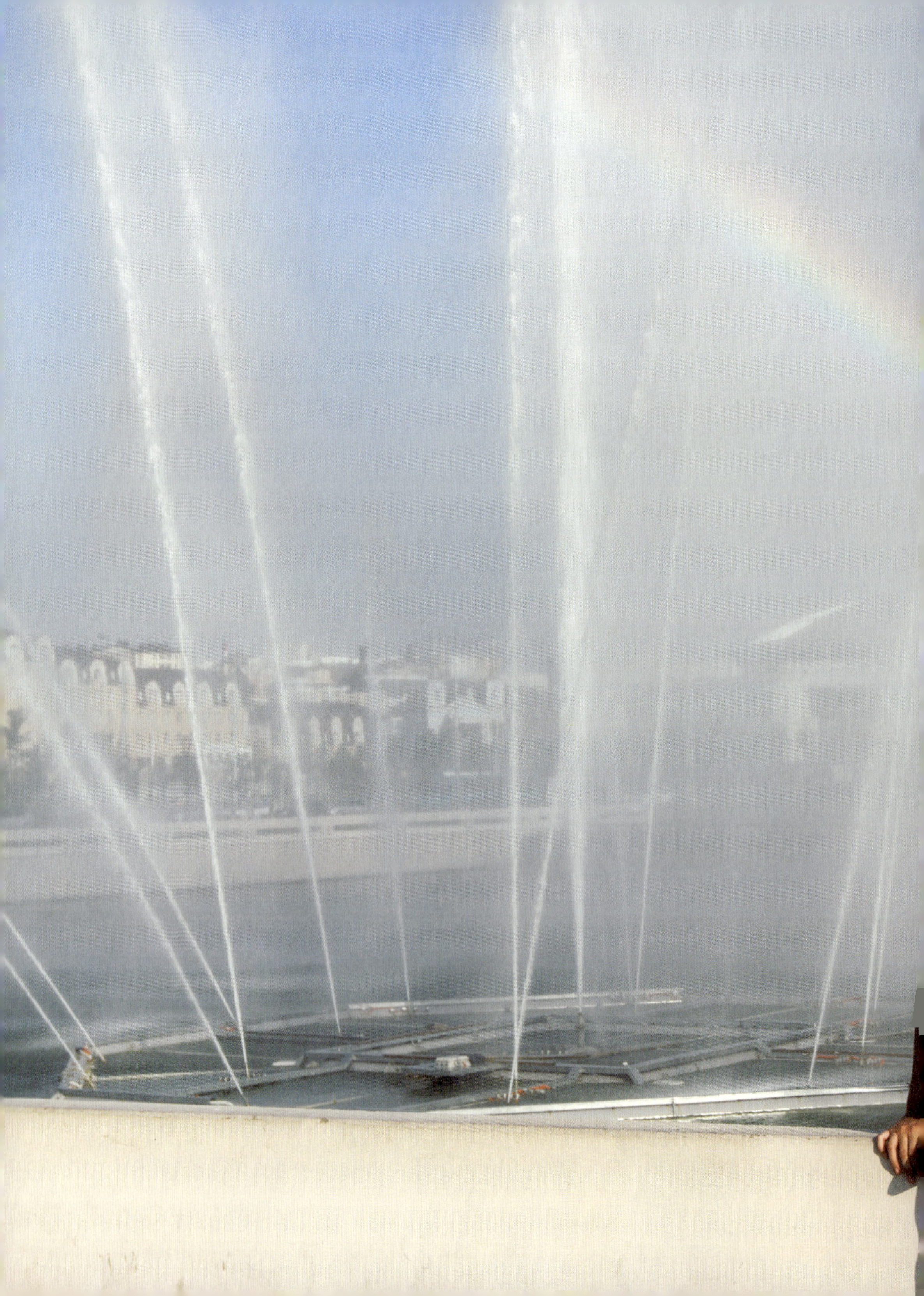

卡赞河上的喷泉和恋人

146 开车去柏林
DRIVING TO BERLIN

1. 喀山火车站的学生
2. 跳水的孩子
3. 漂亮的喀山火车站

了喷泉，克里姆林大街上就有一些，最壮观的，在我们住的酒店左边300米的卡赞河上。

卡赞河在昨天就让我吃惊了一把。傍晚的这里，有不少皮划艇，甚至还有滑水运动的开展，这是我第一次看到现实中的滑水，简直是"酷毙"了。

卡赞河上的喷泉，白天和晚上都有看头。白天，阳光在喷泉上投射着彩虹，一对恋人在彩虹前黏在一起，那就是很温馨的画面；而夜里，灯光让喷泉显得五色斑斓，宛若梦幻。

奇怪的是，喷泉水源就是河水，这水得有多干净，才能让喷头不堵上啊。

河里有喷泉，岸上也有很多组喷泉。白天，孩子们就在喷泉边玩跳水；穿短袖的夏夜，走在喷泉旁边，听着印第安人的卖艺鼓点，总觉得他们的生活离这里的景致，相距太远了。

卡赞河是可以坐小艇出游的，坐船要排队，游客不少，这是喀山最好的季节。冬天，喀山最冷可能到零下40℃，实在不建议你来受冻。

我们还去了喀山火车站，这是我见到的最漂亮的火车站，比叶卡捷琳堡火车站漂亮。火车站依然是立体的红砖墙，用白料勾缝，加上白色的浮雕，让我觉得就像一个现实版的姜饼屋，干净得想要一口吃掉。想想国内，火车站这样的地方，怎能有如此干净，一个月的雾霾下来，白浮雕就要成黑胡椒了。

喀山火车站站前广场上也有喷泉，大学生运动会的标志还在这里，不少人在这里闲坐游玩，看不到春运般的场面。

其实但凡坐过俄罗斯火车的人，对列车上的"味道"都不敢恭维，车站与火车内部的极大反差，说明俄罗斯在服务业上还是有所欠缺的，但在建筑美学上，那是一等的。

这一天就要结束了，回到酒店附近，感受了一下俄罗斯人逛街的日子，顺便买了一张当地的歌碟。我请老板推荐"她认为最好听的唯一一张"，结果她推荐给我了一张当地的"口水歌"，当然，这是我离开喀山的路上才听到的。

入境手续一场惊

来之前做攻略,在网上发现一个奇怪现象:好几个人都说,在喀山的酒店入住的时候,遇到了签证问题,酒店说签证有问题,不敢接待,不得已只好到喀山移民局补办手续。

这事儿,我们居然也在喀山遇上了,也是酒店提出来的,说是如果不能补齐手续,那就休想在这家酒店再住一晚,虽然我们是31个人的大业务。

到底出了问题呢?我们差了一个章,是关于我们的入境手续的,当时我们在哈俄边境,对一个手续办不办有误解,而俄罗斯方面也没有对我们有足够的提示,因此我们差了一个入境手续。喀山这边要求补办,下班之前就得办好,所以我们下午一半的时间都耗在这里了,俄罗斯戴着手套的移民局官员,把我们每只手,每个指头的指纹往特制扫描仪上摁,很用力,这种感受是不舒服的。

到俄罗斯边境的时候,一定要问清楚究竟有哪些手续,出门前向他们确认一下章是否盖齐全了。另外,俄罗斯每家酒店入住之后,酒店都会给你盖一个章的,表示这个晚上你是在这个城市的,这个章也一定要盖,不要嫌麻烦。喀山的酒店对我们有疑虑,跟我们在车里雅宾斯克少盖了一个酒店章有关,这一路我们都因为少了这个酒店章而不踏实。

从移民局出来后,我们去的克里姆林宫,这也让我们宝贵的游览时间打了折扣。

晚餐,我们是在一家名为"干杯"的餐馆吃的。地方在一座小的购物中心里面,中餐上齐了等我们入座,这就对了,把时间节省回来了,菜没啥特色,但种类丰富,一热胜三鲜了,为了压惊,我们开了当地的ZUBR黑啤。

经过伏尔加河旁的湿地

遇见伏尔加河

喀山的文艺气息，无法用言语尽述，多想在这里再闲逛一天，要是能看一场喀山红宝石队的球赛，那就完美了。

出城的时候看到了喀山红宝石队的球场，不过听说这支对巴萨保持不败的球队，已经有新家了。

车窗外，再看了一眼喀山克里姆林宫的全景，真是一座雄伟的城堡啊！

即将离开喀山，车队旁边有一辆车和我们保持一样的速度，一直招手，居然是一车中国人，开着一辆奔驰，用东北腔在和我们打招呼呢！在喀山见到中国牌照的车，可以想见对他们来说是何等的惊喜。

我们的车队这一路上都是大家瞩目的焦点，特别是到了俄罗斯。热情的俄罗斯人属于见面熟，总要上来问问这车是什么车，开了多久，还要翻开引擎盖来看，对车队行注目礼的人更多了，我们在车里摇下窗户拍照的时候，路人也掏出手机拍我们。车队其实也是一路都在传播中国元

DAY 24
8月23日
喀山到下洛夫哥罗德

素，中国车能开这么远，那些认为中国还停留在20世纪70年代的思维，应该可以被改变了吧。

出城开了半个多小时，就看到了伏尔加河了，这可是俄罗斯的母亲河啊！它是欧洲最长的河，也是世界上最长的内流河，流域人口占俄罗斯人口的43%。

记得小时候，我们就学过列宾的名画《伏尔加河上的纤夫》，这条河在我脑中始终是和这幅画相连的，画面中的河与11个纤夫一样昏黄。

现实中的伏尔加河，并不像这幅添加了阶级斗争色彩的名画一样昏黄。第一次通过横跨伏尔加河的大桥的时候，只见桥下面河水浸泡着肥美的芦苇，河水清亮，河面本身就有些西溪湿地的味道。玩越野车的把车开到河边，想必在这里玩越野，玩野钓，或者野炊，都是很惬意的生活。

第一次过伏尔加河，大家都有些激动。引桥有两公里，弯弯的，大家都在拍照或者摄像。如果不是开车经过，这一段伏尔加河只是3500公里伏尔加河上最普通的一段，不会成为难得的风景。

穿过伏尔加河，森林越发茂密，能看到莫斯科的路标了，还有600多公里。

中午还是路边店解决，31个人再次考验了俄罗斯路边店的接待能力。

路况与此前几天没什么区别，400公里，6小时走到。快要接近下洛夫哥罗德的时候，出现了很多汽车4S店，最让人惊奇的，是看到了伏尔加牌汽车的专卖店，大家还有印象么？一只驯鹿作为标志的汽车牌子，那可是俄罗斯国宝级的汽车牌子啊！过去在中国东北地区还进口过这种车的。

伏尔加汽车专卖店门口放着一辆模特车，其模样，感觉是雷锋曾修过的那辆。

下洛夫哥罗德到了，城市的味道和喀山相比，就让人失落了许多。不过我们入住的酒店，那是个大大的惊喜：宜必思（ibis）！这可是在俄罗斯第一次见到连锁经济型酒店品牌！

说是经济型酒店，价格可不便宜，最便宜的房间也要2900卢布，算起来也是555元人民币一晚！

酒店房间还是不大，不过和这一路上的俄罗斯酒店比起来，至少在房间内部是翻天覆地的变化了：厕所不再是转身困难，不再是打开这扇门就得关上那扇门的设计，有对着窗户的写字台了，还能收看中央四台。

当晚我们还是找的一家中餐馆，环境像是幽会，但上菜是"俄罗斯速度"，上菜慢的餐馆绝不向你推荐。

昨天说到，俄罗斯有四座克里姆林宫，下洛夫哥罗德有一座。来之前做功课，这座克里姆林宫是建在一个小山包

进入下洛夫哥罗德，发现了伏尔加牌汽车专卖店

上的，要上400多步台阶才能进入。这座克里姆林宫建于502年前，里面的建筑比较斑驳，远没有喀山的漂亮，而且里面有一座露天军事博物馆，有一些"二战"元素的雕塑和陈列，这不是我太喜欢的风格。"二战"是"二战"，沙俄历史是沙俄历史，不宜混为一谈。

我们在下洛夫哥罗德忙于工作，没时间去景点，头天到达时又遇上了大雨，拍照的机会都没有，心情也如大雨般低落。你如果有时间，还是可以去去这座克里姆林宫的，它的位置高，在观景平台上可以俯瞰伏尔加河流过城市。

另外，值得一说的是，这里不少餐馆提供kavss，就是娃哈哈"格瓦斯"的正宗味道。如果在这座城市的俄餐馆用餐，可以问问有无kavss，这么发音就行了。

顺便一提，下洛夫哥罗德一度名为"高尔基市"，1990年改回来了。高尔基在俄罗斯文学中的地位，就像鲁迅在中国文学中的地位，鲁迅的文章在中小学教材中已经被削减，高尔基早已走下神坛，现在更多地只是被当作一个文学家而已，大家不愿意一座城市都被高尔基化。当然，这里有三座高尔基博物馆，可以去看看。

一顿火锅

其实从喀山到莫斯科的这1000公里，我们都是以赶路为主。这两座城市是俄罗斯三大历史文化名城之二，中间的城市相对就逊色了。

天气也决定了我们只能赶路——前一天在下洛夫哥罗德，刚一到就是一场毫无征兆的大雨，直到黄昏；今天早上天色转好，却要工作，直奔莫斯科而去；莫斯科又是用一场暴雨来迎接我们的。

这两场雨一下，穿了这么久的短袖，就顶不住了。这一路上，除了在巴尔喀什湖到阿斯塔纳的路上气温骤降之外，基本上都是短袖即可，接近莫斯科的路上就是冲锋衣加防寒服的行头了，我们也从正宗的夏季，逐渐向秋季过渡。

DAY 25
8月24日
下洛夫哥罗德到莫斯科

中午照例路边店，味道不怎么样。有的队员开始吃方便面，我还是坚持能吃正餐就不吃方便面，川味的方便面虽然很对口感，但一会儿就会饿，又没营养。

俄罗斯和中国的国道边有个相同的地方，就是这一段路如果有人卖一样东西，就会有很多人都来卖这样东西。在去往喀山的路上，不少路边摊卖蜂蜜、蘑菇等土产，都是把车后备箱打开来卖，东西很少一点儿，真不知道这生意怎么做。而去往莫斯科的路上，很多人卖藤编的篮子，颜色都是土红，可能是自家手造，都摆在路边卖，东西高度同质化，不知他们是怎么赌运气的。

这两天连续有车前挡风玻璃被飞石所伤，6号车出现了明显裂纹，1号车被伤成了一个凹坑，这个配件我们没带，只有从内部用透明胶稍微粘了一下。换前挡风玻璃，怕是要从国内邮寄配件来了，简直就是不现实，只能祈祷不要继续开裂。

离莫斯科只有几十公里的时候，出现了比较严重的堵车，照例是那种没有车祸的堵车，主要原因还是车多车道少，有的路段需要两车道合一车道。这一段是我开的车，开得之窝火，停停走走，也一直没照到什么照片。

出城方向更加堵车，看着出城方向几乎不动的车流，觉得能停停走走就不错了。

到莫斯科都没看到高速路的影子，看来在俄罗斯只能享受这种不收费的国道了。

越接近莫斯科天气越冷，气温迅猛地往下掉。进入莫斯科的时候车的液晶屏显示的温度只有14℃了，这是两三个小时就降了十来摄氏度的节奏啊，风还大，赶紧把冲锋衣加上了。

莫斯科大环终于到了，这个环比北京五环要大。当地接应我们的力帆集团派了一辆车带路，从大环去吃饭的地方。

尽管是周六，莫斯科大环上的堵车，那是一点不轻松，单向五车道，堵得跟北京三环似的。引发降温的这场暴雨终于落了下来，大环线上一片水雾，车速极慢。

大家都盼着晚饭，在大环上龟速行驶一个小时，后来发现很多车都要从某个匝道出去，绵延很长，过了这个匝道口，基本就不堵了。

据我们所用导航的荷兰Tomtom公司2013年底的全球调查统计，全世界交通最糟糕的城市中，莫斯科排名第一，北京没进入前"二十强"，我们刚到就明显体会到了。

我们来到了格林伍德国际贸易中心，这里挂着中国和俄罗斯两国国旗，是中国在俄罗斯最大商贸项目。来这里我们可不是考察的，而是，在一个地下类似食堂的地方，有我们盼了很多天的美食——火锅。

可没指望食堂能做火锅，他们就是在白水上加了点红油。我们是早就请力帆在莫斯科联系好了这儿，请食堂备一些羊肉牛肉什么的，还有素菜，我们出发前，专门采购了一批火锅底料，就为了在这里吃一顿正宗底料熬制的重庆火锅！

想要吃到毛肚、鸭肠、黄喉这样的重庆火锅必点菜，是完全不可能的。荤菜是牛羊肉加虾，素菜则是豆腐皮、白菜和葱，多数都不是烫火锅的正宗搭配。这些都不重要，重要的就是一锅熬得香喷喷的火锅汤料！对于一个重庆人来说，对于长久和面包红茶汤打交道的中国人来说，一顿火锅，简直就是销魂啊！

底料还没有熬到最佳状态，大家已经等不及了，肉片什么的往里面投放，完全熟透了再吃？那就没啦！

这怕是我们吃过的最抢的一顿火锅了，看得店家直摇头，"这么辣你们也能吃？不用芝麻酱，不用我们放了胡辣子的香油当调料？"

还有胡辣子？好吧，我们把它全部倒进了火锅底料中。

喝着有俄罗斯2014索契冬奥会标志的啤酒，火锅的红汤渐渐被涮得没多少油星了。力帆的好兄弟，给我们准备了四个蛋糕，四位8月过生的寿星，酒足饭饱后切着蛋糕，我们也有餐后甜点的福利了！

这是我们出来后吃得最爽的一顿，火锅真是治愈系良药啊！

我们住的地方，真不知道该不该向你推荐：中国驻俄罗斯联邦大使馆。每晚回到祖国怀抱的感觉，真好。

DAY 26
8月25日
莫斯科

森林俄罗斯

这是一座中国人来得最多的俄罗斯城市，也是欧洲人口最多的城市，当然，它没有北京大，没有北京人多。

我们在莫斯科有三天时间，包括工作和汽车保养，需要耗费一天时间。

从莫斯科开始，阳光不再像此前那样天天照耀，而且运气也似乎被耗尽——就拿莫斯科来说吧，我们第二天有很多工作，偏偏这天蓝天白云，第一天、第三天阴冷。

一大早起来，车队中的电视台同事就要去拍摄车队驶过莫斯科地标的画面。为了对莫斯科有个大致的了解，我也一起前往了——多想在祖国的怀抱中多睡会儿啊。

头天领教了莫斯科的堵车，所以今天我们选择8点出门，避免堵车不好拍摄。昨晚查了资料，莫斯科人口平均密度7700人每平方公里，中心部分人口密度高达29000人每平方公里，千人车辆拥有量是中国平均值的4倍。

清晨的寒雾，笼罩着一切，出发前望了下使馆招待所后面的花园。占地面积11万平方

车队经过红场

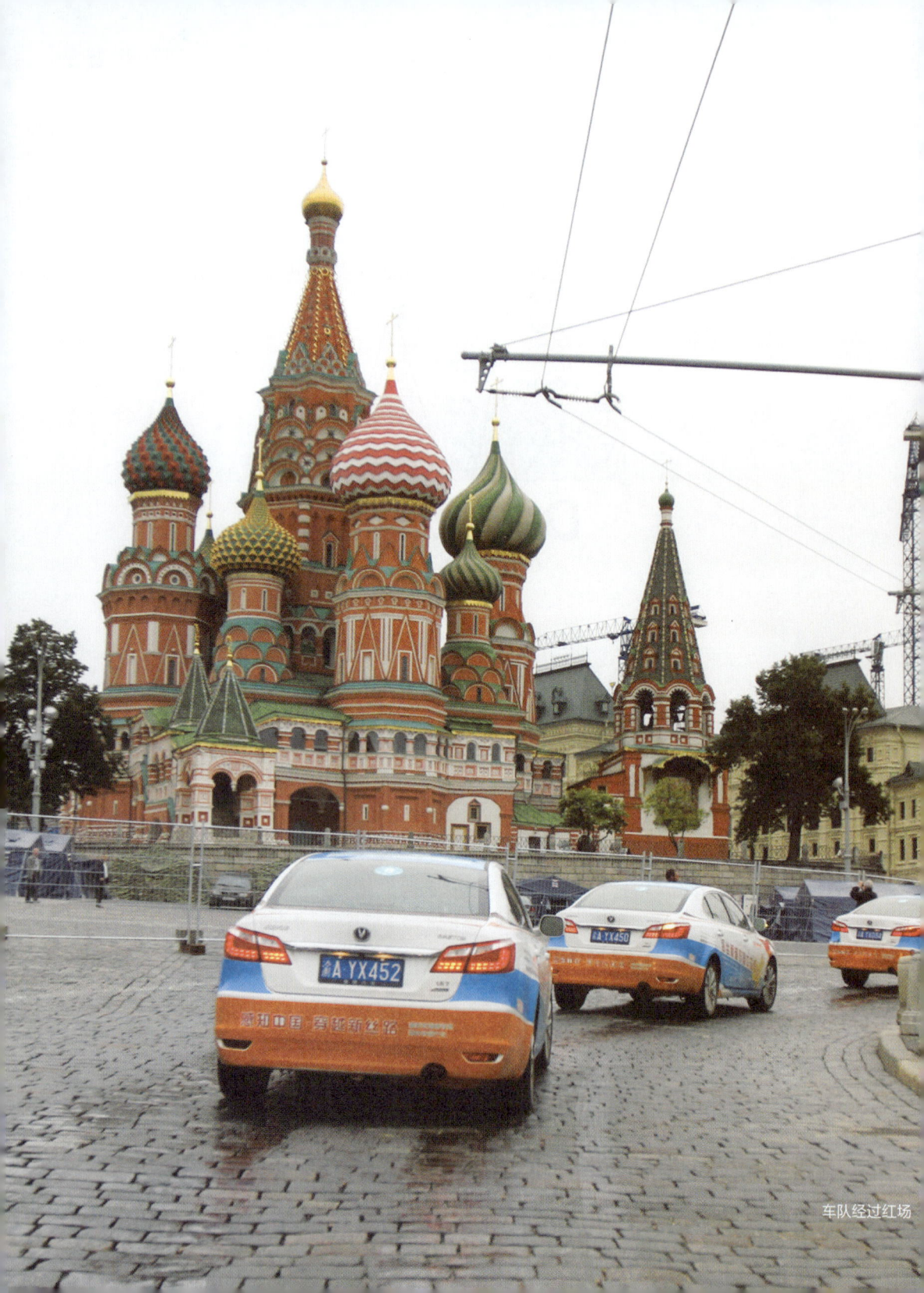

米的中国大使馆，里面似乎是有一片森林，庭院深深深几许的感觉。

从使馆正门出来，嚯！门前好大一片树林，里面有步道和水池，晨练的人带着小狗跑步，水池里面水禽嬉戏，这是公园的味道！

莫斯科的地标，当然就是红场了，离大使馆8公里。驶出使馆门前的大街，右转，这是什么级别的"深林"大道？我觉得只能用"深"才能描述两边的树林了，马路宽阔，两边树林密不透风，完全看不进去，道路中间有很宽的植物隔离带，难怪大使馆里面也是森林了，这个片区本身就是一片大森林。

很难想象，这片森林只有8公里之远！

在古语中，"莫斯科"是沼泽或密林的意思，树木葱郁，经年累月，莫斯科一直没变。

这里就是莫斯科的麻雀山，原来叫列宁山，莫斯科最高的地方，海拔220米，有观景台可俯瞰莫斯科。

开车不到两分钟，右边就是著名的莫斯科大学了。这栋巨型的斯大林式建筑，是莫斯科七栋斯大林式建筑之一，建筑大得可以用密不透风来形容了，斯大林式建筑几乎一模一样，顶部必有一个高耸的带五角星的尖顶。现在，这个尖顶在云雾缭绕中。

左转，看到莫斯科河，交通就开始拥挤起来了。出发前，在大使馆工作了8年的车队向导反复提醒：莫斯科一是堵车，二是岔路极多，看导航稍不留神就可能下错道口，所以必须全神贯注。

事实证明，莫斯科确实是我们此行至今导航最困难的城市，车速一定不能快了，下错道再堵个车，那是很惨的，

莫斯科大学附近的道路，绿树成荫

车队根本找不到地方等你追上来。

能望见俄罗斯科学院大楼的时候，已经相当堵车了。科学院大楼是栋很奇特的建筑，顶部就像没完工且生锈的钢架结构。向导解释：这并不是没完工，而是想要告诉大家：科学永无止境，只有不停向上攀登，任何科学都是未完工的。

要不要这么寓意深刻啊！

沿着莫斯科河，一路都有好东西，看到几座造型各异的桥，比如克雷姆斯基大桥。这座吊桥横跨于莫斯科河上，建成于1938年，跨度达到168米。还有就是1999年建成但造型复古的普希金大桥，俄罗斯人对于以近现代的人物命名的建筑比较排斥，所以大家还是叫它安德烈耶夫斯基大桥。

忽然看到暴风雪号航天飞机，静静地停在河岸，属于太空的它，委身于此。

苏联的"暴风雪号"，与美国的"奋进号"航天飞机有着完全不同的命运。1988年苏联的"暴风雪"号航天飞机首飞成功，但耗资200亿卢布的航天飞机研制计划在行将解体的苏联，已经是难以为继，只飞了一次，后在年久失修的停机库中因机库坍塌而毁。摆在这里的，是尚未完工的另一架测试机，船运来时无人喝彩，翅膀成了出租自行车的遮阳棚。而美国的"奋进号"航天飞机，在完成最后一次飞行，被运往加州科学中心的时候，洛杉矶万人空巷。

不过，航天飞机确实打眼，赶紧拍吧。

打眼的还有高高的彼得大帝像。在莫斯科和运河交汇处，彼得大帝拿着航海图，毅然站在竖向重叠的一叠远航的船上，似乎要远航，雕塑下用喷泉喷出了船破水前行的样子。历史上，彼得大帝似乎并没有完成过这样的远航，据说这本是一个俄罗斯商人塑造的哥伦布发现美洲新大陆时的形象，打算卖到美国去，可美国人不要，商人找到莫斯科市长，并把哥伦布的头给敲掉，换成了彼得大帝的头像，于是，彼得大帝扬帆出海了。这个地标在莫斯科河上多少有些突兀，圣彼得堡市民曾强烈反对这座雕像放在圣彼得堡，在莫斯科也引发过抗议。

弯弯的莫斯科河呈"几"字形，这一段道路还算畅通，很快就来到红场了。

照片看过太多次，第一次亲眼看见红场的塔楼和红色的外墙，还是相当的激动。墙外的车流量远远小于长安街，可能是因为太早，游客数量也不太多，红场外墙给人一种深宫大院的感觉。

红场走到尽头，道路中间就能掉头，左转往圣瓦西里大教堂而去。

一路上手机录像，相机拍照，同时进行，简直是手忙脚乱，来自中国的车队，引得游客频频挥手。

红场的"场"，在车队行进中是看不到的，拍摄很快就结束了。过桥，离开红场，然后，迷路了。

早说过，莫斯科的道路，就算是有导航、有向导，仍然是可能迷路的。我们发现，过了红场外这座桥，道路一下子就变成了支干道了，不像是中心城区，导航指的路已经是单行道逆行，向导说，莫斯科对道路的走向调整比较频繁。

无奈之下，还是下车问路，问也问得云里雾里。我们试着开，导航最终还是让车队走上了回招待所的正轨。

路上绿意盎然，只可惜没有蓝天白云，回到麻雀山附近的时候，再次感受到莫斯科森林的茂密。

由于时间早，又是俄罗斯人郊外度假的周日，我们这一趟总体来说是很顺利的，40分钟，走了个来回。

"暴风雪号"航天飞机

"一只蚂蚁"市场外观很童话

"一只蚂蚁"

如果你在莫斯科问路,问"一只蚂蚁"市场在哪里,就这么发音,对方可能猜到你是要到哪里去,但如果你非要把"一只蚂蚁"翻译为英文,再来问路,那你一定问不到这个地方了。

这个市场所在的地区,叫"依兹迈依",中国人把市场谐音说成"一只蚂蚁"既好叫又好记。

"一只蚂蚁"市场(Измайлово),是俄罗斯著名的小商品市场。当然,它的出名,很大程度上是因为这个市场的关闭——2009年6月29日起,切尔基佐夫市场,也就是所谓中国人俗称的"一只蚂蚁"市场,被俄罗斯政府勒令停业整顿,华商货物被扣。俄罗斯关闭这个市场有多重含义:一是打击那位在金融危机时期,在土耳其建超级豪华酒店并在飞机上向下狂抛6400万美元的俄罗斯土豪伊兹梅以洛夫,他是这个市场的主人；同时打击酒店开业仪式的座上宾，伊兹梅以洛夫的后台莫斯科市长卢日科夫；再就是打击"偷税漏税非法经营"这个市场的华商。俄罗斯认为，使用灰色清关后的低价战略，华商在俄已经危及了本国的生产企业。

市场关闭后，这里经过了长久的空闲期，华商悉数搬走，市场原来华商直接用集装箱售卖商品的地方，变成一片空地。

俄罗斯人舍不得这个曾经人气爆棚的区域，后来市场重新开放。虽然人气和当年不可同日而语，但俄罗斯人学会了华商的低价战略，把这里变成了一条"秀水街"，在这里售卖的套娃，价格比在老阿尔巴特街上卖得要便宜，选择面也很广。

"一只蚂蚁"市场内部

抛去华商被驱走的旧事，"一只蚂蚁"市场还是值得一去的，如果你要把套娃之类的俄罗斯特产当做此行的纪念品送人的话，在"一只蚂蚁"市场可以省不少银子。

来到"一只蚂蚁"市场的时候，是中午，远望去，这里的建筑简直就像宫殿一样漂亮，感觉完全就不是一个市场，而是一个用五彩的积木堆起来的童话世界。

进入市场居然是要收费的，10卢布，这让我们都感到吃惊，没听说"秀水街"要收费的。收费岗也很山寨，收费员穿着便衣，不过确实是要收费的，里面上个厕所都要5卢布呢！

饥肠辘辘，市场里面有很大一排卖烤肉的，三文鱼也烤，肉串很大支，不过也不便宜，一串要人民币60元左右，莫斯科的消费水平是很高的。

人多，还是采用多家一起烤的方式，家家店家都笑开了花，不知闻着油烟的摊主为什么还要边烤边抽烟。

吃罢，开始逛。市场里面卖套娃恐怕占到了三分之一，这是最典型的俄罗斯工艺品了。不过也有人怀疑是不是中国制造，因为这个工艺品仿制应该无难度，而且看上去也并不精细。

套娃密密麻麻在一堆，让人实在难以挑选，你很难觉得这一个比那一个好看，也很难比较这一家比那一家值得买，只有一些别致的俄罗斯洋葱头样的小房子看起来不错。

最终，我买的是两位老人卖的邮票。这对老夫妻看上去很像是做学问的，完全不像摊贩。俄罗斯邮票有不少是油画等艺术题材的，邮票本身相当漂亮。

团队中，有买了二手俄罗斯望远镜的，精度确实高，而且带很有范儿的皮套。

套娃、冰箱贴，这些东西大家都买了点，还有人在这里买了油画——在和老阿尔巴特大街对比之后，有的队员又再一次回到这里来买油画，这里比后者的油画便宜不少，而且从品质上看，这里的油画虽说不上是精品，但和老阿尔巴特大街比，也差不到哪儿去。

对了，在这个市场只能使用现钞，卢布可以，美元可以，人民币不可以。

老阿尔巴特大街

去了"一只蚂蚁"这种"秀水街",当然要去去老阿尔巴特大街这样的"王府井",后来我们比较,老阿尔巴特大街和王府井一样,就是给外国人外地人逛的,俄罗斯人买东西,应该不会到这条大街上来。这条街上满是同质化的纪念品商店,连街头作画的画师也像是在上流水线,店里有会说中文的营业员,街上也有带银联标志的取款机。太多的游人,已经在莫斯科本身的高物价基础上,把这里的物价又提了一个档次。

老阿尔巴特大街,地处俄罗斯外交部大楼的旁边,这么描述,是因为外交部大楼又是一栋"斯大林式"建筑,127米,27层,很显眼。斯大林式建筑从各个方向看都是一样的,而每栋楼看上去似乎也是一样的,颜色一律蜂蜜色。"度娘"说:"这些建筑气势磅礴,高耸雄伟,布局对称,装饰富丽堂皇,以显示革命激情与荣耀。"

外交部大楼没有全画幅的16mm镜头是拍不下来的,建筑太大太厚重,站在楼下有明显的威压感,拍纪念照都取不了全景。1955年之后,苏联只建造了一栋斯大林式建筑。北京的军事博物馆,就明显有斯大林式建筑的影子。

阿尔巴特大街的两端,有两座著名的建筑,一座是莫斯科最大的餐馆布拉格酒店,另一处是普希金故居阿尔巴特街53号。

走进阿尔巴特大街,很快就能看到左手边的普希金和娜塔丽娅·冈察洛娃牵手的雕塑。雕塑中的娜塔丽娅·冈察洛娃气质非凡,比普希金还高,她当年号称"俄国第一美女"。而就是因为美人多是非,引得普希金在与娜塔丽娅·冈察洛娃婚后三个月,就去和风言风语的"情敌"决斗,被对手耍阴招先开枪,一枪毙命。

也许是觉得普希金和这位美女的手并未真正牵在一起,有人在普希金和美人的手之间插了一束鲜花,这创意比雕塑更意味深长了。

阿尔巴特大街上的画师,直接把画作摆在路上售卖,同时现场作画,也没有城管来管。也许是因为画作太密集,我很难找到自己一眼就觉得可心的,而且,我不认为

8 925 80
KL

"小丑"画师,速写技艺高超

画师在嘈杂的街上一边讨价还价，一边还能凭感觉画出好山水。

大街上给我印象最深的一位画师，把自己打扮成了一个小丑，"爆炸头"，涂了俏皮的红唇并加粗了眉毛，画人物速写的时候，满脸俏皮的笑容，被画的那位自然也被逗乐了，带着微笑，画师几分钟就画成了，挺像漫画人物，生意好得排队。

大街上的建筑还是挺有味道的，色彩丰富，外墙也各有特色，闲逛一下不错，人气也比较旺，一些小店门口站着让你进去看看的人，这种感觉就不好了。

街上遇到了一位会简单中文的俄罗斯男子，把俄罗斯人见面熟的性格发挥到了极致，半分钟就和我们四五位队员打成了一片，一定要和每位都一起拍照，照到最后，我们只有喊"在一起在一起"了——和男人。

攻略说，大街27号俄罗斯工艺品较全，必去。不过在我看来，哪家似乎都差不多，倒是宝石商店的涂鸦墙很有意思。还有就是一个镀着土豪金的高贵女子雕塑，雕塑设立的基座有点高，不少

1.土豪金的雕塑,女子们想与之合影
2.偷拍的油画摊的画作
3.老阿尔巴特大街全景

女生都愿意爬上去与雕像合影,难道也想变土豪?

街上还有一些露天的餐吧,想必在这里坐坐,也是很惬意的。

有些同质化的店,东西还是靠淘,套娃就在"一只蚂蚁"买吧,我在这里买到了几件驯鹿角的工艺品,包括一个书签和一个刮刀,还有驯鹿皮的手鼓。

团队大多数人在这里没有斩获,就像北京的王府井,逛一下、到此一游更适合,商业中心的东西都贵。

乌克兰大饭店

夜游莫斯科河

　　一座城市，有水就有了灵气。来莫斯科，就要坐船游览一下莫斯科河，这条河上，能从另一个视角来看这座城市。

　　我们选择的，是普通游轮，不是穹顶透明全封闭的那种，而是看风景需要到二楼吹风那种。还好风没有想象中冷，据说就算结冰，游览船也会破冰而行。

　　莫斯科河的游览，是有两种方式可以选择的，一种是单程，450卢布，一种是往返，800卢布。我们是租的两辆车去，所以是单程而没有往返，车在终点接我们。

　　莫斯科河河道不太宽，水流也不急，沿途设有6个站点，早班船11点始发，晚班船20：30始发，单面时间一个半小时。

　　我们的船是晚上8点钟开的，这时间非常好，既可以看到白天的景致，也能看到夜晚的华丽，而且，由于更多的标志性建筑是在后半段，先看了白天的红场，再看看晚上的，就完整了。

　　上船后，依次经过莫斯科河的几座大桥，河上游轮往来穿梭，看来在莫斯科游河是一种很常规的旅游方式。

莫斯科河呈"几"字形，能从不同的角度去看一组建筑，这是很有趣的事情。看到莫斯科的CBD由远及近，这个建筑群很多都还在建，一律是亮晃晃的玻璃幕墙。在整个莫斯科，要找有现代感的建筑，几乎也只有在这里了，应该是举国倾力打造的项目。

在两岸的树丛后面，慢慢能看到科学院大楼和莫斯科大学的顶部了，不由得要赞叹一下莫斯科河两岸的绿化，树林厚得看不穿，不像我们沿江行道树的种植方法，看过去就是绵延的丛林地带。

莫斯科河上的大桥此时已经开灯，为了美观，桥下也安了灯饰，这也要赞一个。

右岸有一条长长的步道，跑步的骑车的轮滑的，都很多，还有一块场地供大家跳舞的，看的人和跳的人一样多，原来莫斯科也有"坝坝舞"这一现象，不过基本上都是年轻人，大妈大爷很少。

船靠岸，上来了三位俄罗斯美女，不停地自拍，她们也成为了我们拍摄的对象。

暴风雪号再次出现在我眼前，总觉得它和这条河相伴，显得突兀。

从河中看彼得大帝像，比从岸上看好多了，灯光中，只觉得有一条船在扬帆起航，不过把几条船竖向垒高来显示彼得大帝的伟岸，就弄得莫名其妙了，而且彼得大帝也没出过海，这种脑残的设计，莫斯科和圣彼得堡市民不反对才怪了。

基督救世主大教堂是莫斯科的地标之一，这座白体金顶的建筑，在白色的灯光投射下，伴着水中的倒影，漂亮！教堂原是为纪念俄罗斯打败拿破仑的1812年抗法战争胜利而建的，中央圆顶高102米，这座教堂是1995年重建的。

红场的出现，让大家都抓住机会不停按下快门，确实恢宏大气！俄罗斯人只用了白色灯光来作为灯饰光源，比用很多颜色感觉要好，清冷的童话城堡，看上去那么近，又那么远。

行程在乌克兰酒店之后结束，实际行船时间是1小时45分钟。

在莫斯科，不少建筑都让人觉得厚重，有了这次游河，水波荡漾，两岸郁郁葱葱，感觉是软化了这座城市的坚硬，这种感受是其他的观览方式无法取代的。

DAY 27
8月26日
莫斯科

飞跃"莫大"的谢同学

邂逅"莫大"

虽然有长安厂的两位技师随行,但因为长时间高强度驾驶,几台车都受了些伤,1号车和6号车的前挡风玻璃破裂,多辆车的底盘被刮,技师提出要提前保养,并且检查底盘等的伤情。

做保养,老外不好沟通,我们在莫斯科做的这次,是在力帆莫斯科4S店。中国车鲜有在俄罗斯开4S店的,走出国门,国内整车制造商在国内的名气与排序,就没什么意义了。四川外语学院毕业的一个重庆崽儿,把力帆在俄罗斯的销售做得风生水起,力帆轿车和SUV卖得比国内贵,但现在已经挤入俄罗斯汽车市场的前20位。

去力帆4S店的时候,又经历了一把大环上的堵车,权当是慢慢欣赏莫斯科的风景吧,堵车也是莫斯科的特色之一。一路上经过了胜利广场、CBD,还看到了一种架在天上的地铁线路。

力帆4S店到了,结果店里面打主力的还是俄罗斯人,不过我们是自带技师的,车只需要上架子就能检查了。

不查不知道,一查吓一跳。5号车的前轮内沿出现了一圈圈的磨损痕迹,这可能与驾驶习惯有关,这是非常大的隐患,一旦前轮在高速行进中爆胎,那后果不堪设想!

马上换备胎,还好还好,隐患发现了。几辆车的底盘损伤,看上去都是表皮问题,前挡风玻璃的问题比较头疼,没有玻璃可以更换。

做完保养,就是午后了,团队还有工作要做,我也有很多文稿需要梳理,今天就只能在大使馆附近走走了,傍晚去莫斯科大学(以下简称"莫大")逛逛。

太阳斜斜地照射着使馆前的树林,去"莫大",可以从这片树林的步道穿过去。树林里的水塘边,有一家人正在喂食水禽,妈妈在给孩子吹泡泡,逗得孩子"咯咯"直笑,也有老人缓缓散步。我觉得自己在这片树林里面,就像是一个莫斯科居民,而不是一个过客。

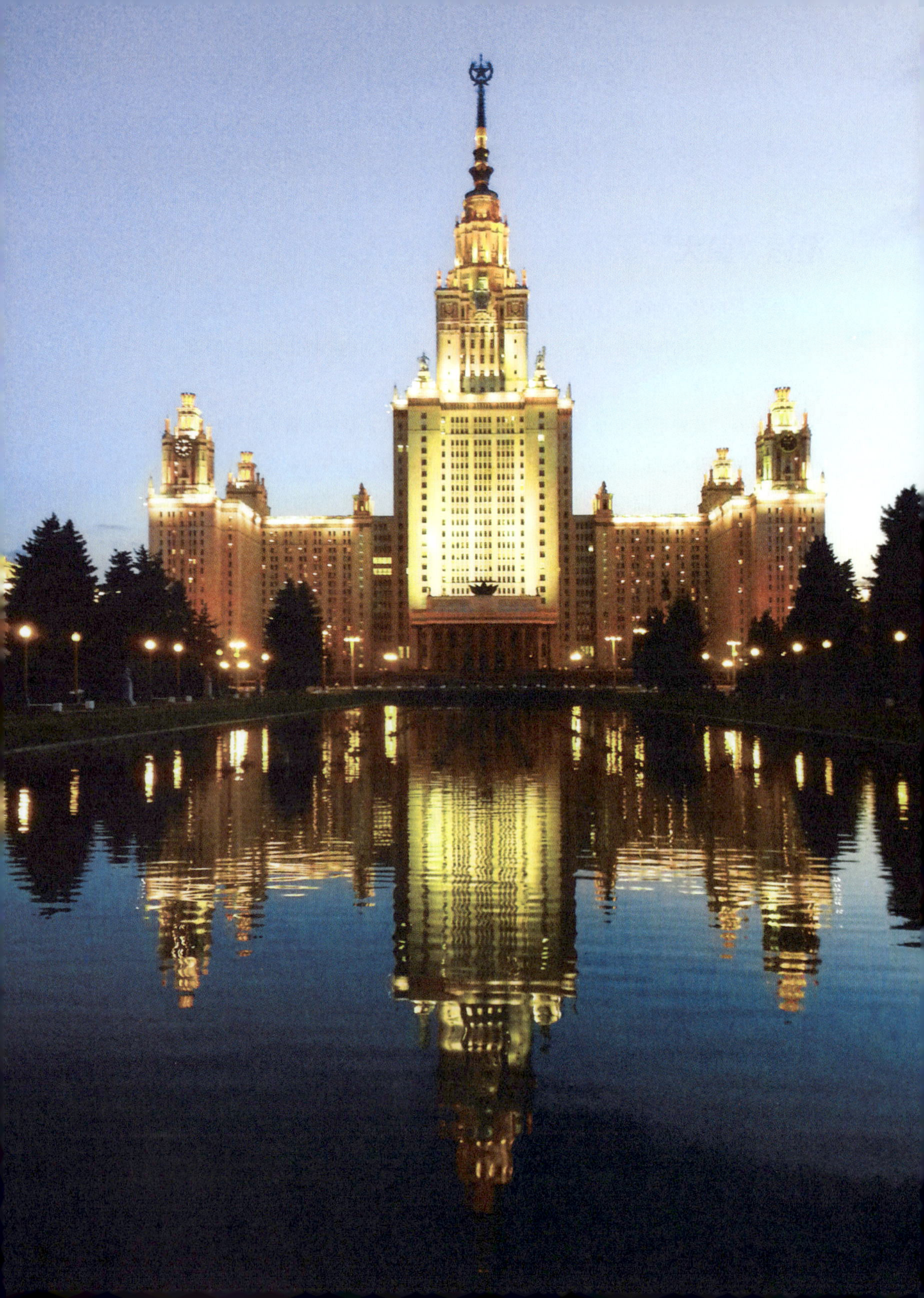

在"莫大"门口做实验的年轻人　　　　　　　　　　　　"莫大"门口的摩托骑士

　　走过丛林,沿着一条大道,往"莫大"方向而去,宽阔的马路、路边的树林深不可测,虽然明明是走的"莫大"方向,但树林完全把这栋240米高的斯大林式建筑的塔尖淹没了,让我多次怀疑是否走错了。

　　走了20分钟,没错,"莫大"到了。

　　莫斯科大学主楼可能是莫斯科最标准的"斯大林式建筑"。1953年大学新主楼在麻雀山建成后,"莫大"即迁至麻雀山。"莫大"主楼共33层,有3万多房间,它哪里是一座楼,简直就是一个城堡,我一直担心这么大而厚的单体楼,中间是不是有不少房间连窗户都没有?而且,这么多人,苏联极其老旧的电梯系统是如何运转的?

　　斯大林的继任者,1955年废止了主张这一建筑手法的建筑师协会,认为这种建筑太过浪费、过度装饰,比如那尖塔和四周完全对称的塔楼,就不知道是拿来干什么的,房间的利用率也不高。

　　"莫大"有17个系,在校学生3万余名,主楼24—27层是自然博物馆,我试图从两个门走进去,但都有安保人员阻止,未能入内。

　　面对这么大、厚,从四面看基本完全一样的建筑,只有一个角度是最佳的,那就是从建筑的正面——一个巨大的水池望过去,建筑倒影在水中央,厚重感被削弱了,就像泰姬陵那经典角度一样。

　　放假了,莫斯科大学门前成了摩托骑士的练车场。莫斯科街头每晚都有摩托骑士轰鸣而过,确实觉得扰人睡眠。

　　摩托骑士全副武装,练着各种高难度动作,我找他们合影,骑士很配合,笑得灿烂,还叫我把拍他们的照片发给他们。

此时，一位中国面孔的女孩出现了，她在莫斯科大学的门前摆着各种造型，玩着飞跃，但是又没有人给她拍照，这是在干什么？

上前一搭话，上海大二的学生！她暑期在新西伯利亚那边做志愿者，完了之后独自穿越俄罗斯大地，到莫斯科和圣彼得堡来旅游，住青年旅社，今天专门到莫斯科大学来看看这所著名大学，由于没有旅伴，她把手机摆在一个固定的角度，定时拍摄，自己读秒，然后从镜头前跳过，拍摄自己在标志性的精致面前腾空而起的照片。

太费力了！用我的相机来拍吧！上海女孩非常兴奋，拍背影，拍跳跃，拍穿越，和摩托骑士合影，当她得知我们是开车去德国的时候，羡慕得表示很想跟着我们的车队去德国。

这位姓谢的女孩在我的本子上签下了自己的名字，然后写下："原来你也在这里。"

相谈甚欢，最后我把国内带出来的重庆标志的丝巾送了她一条，她则回赠我一个上海城隍庙买的幸运结，她说她有意明年暑假骑自行车再走一次俄罗斯。

拍莫斯科大学的夜景，那必是极好的，还是泰姬陵那个角度，水映着灯光中的大学，静谧安详。我把相机摆在水池边，慢慢拍了好一阵，与上海女孩作别。

第二天，我又去了"莫大"观景平台。这个平台位于莫斯科大学的正对面不远处，位于麻雀山的这个平台，虽然并不太高，但基本上可以看到莫斯科全城了：远处的CBD、科学院大楼、发电厂，还有几栋斯大林式建筑的塔尖，都能清晰地看到；近处最大的建筑是中央体育场，它建于六七十年前，1980年，为了迎接在莫斯科举办的第22届奥运会，人们还对它进行了扩建，并把它作为奥运会的主会场。

大致上看，莫斯科是几种颜色组成的，蜂蜜色的老建筑和半老建筑，绿色的树林和CBD的青色玻璃幕墙。

这个观景平台是有必要来看看的，设在这里的望远镜不要钱，你可以看莫斯科全貌，也可细看每栋建筑，还能看到各国游客的面孔。

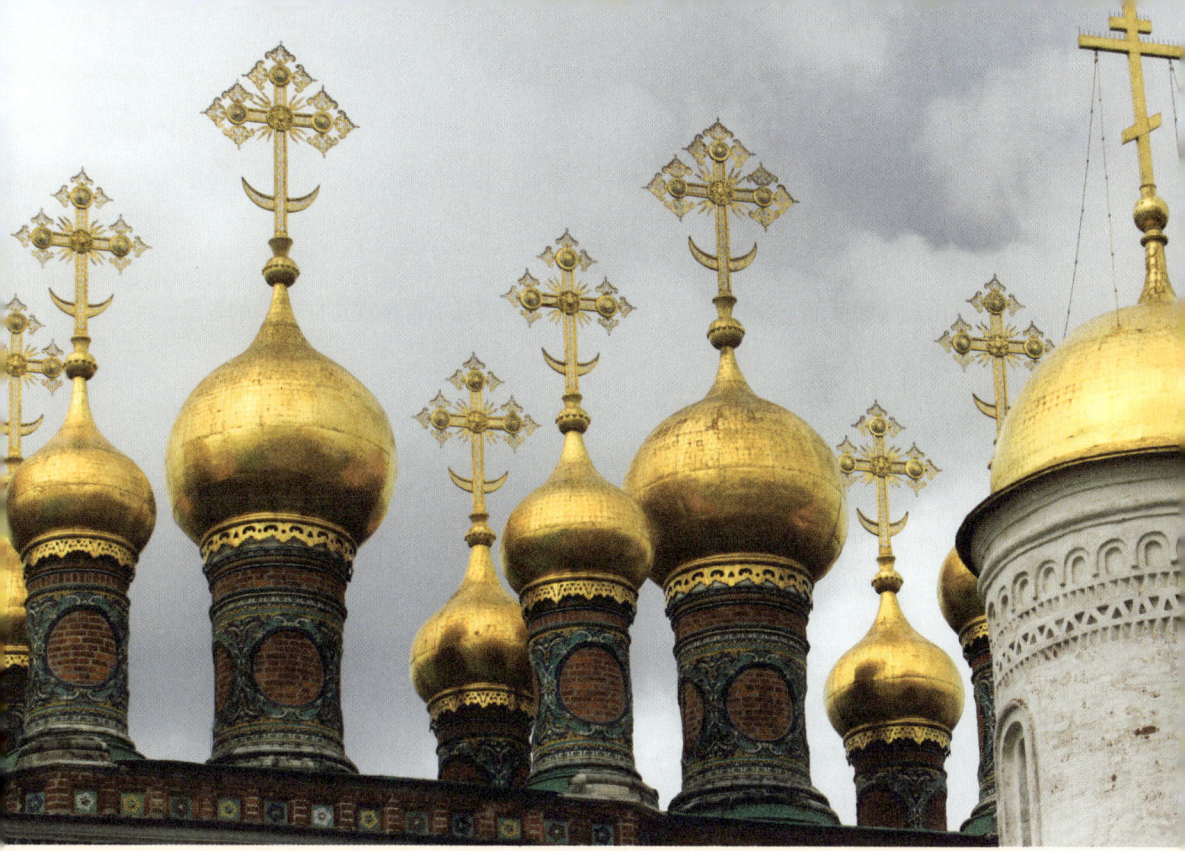

宫内的塔尖

宫

对于红场和克里姆林宫,来俄罗斯的中国人,可能都要到这里来报个到吧。

我们也不能免俗,把在莫斯科的最后一天留给了莫斯科的经典建筑。

在写喀山的克里姆林宫那天,我做了一个比较:喀山的克里姆林宫比莫斯科的克里姆林宫更值得一去,因为在喀山的宫,可以更好地去体会俄国的深宫大院,通感那段历史。

喀山的克里姆林宫和莫斯科的红场之间,也有一种联系,这种联系是残忍的,必须由"恐怖伊凡"来完成——

红场上的圣瓦西里大教堂,是伊凡雷帝为了纪念1552

DAY 28
8月27日
莫斯科

年战胜喀山鞑靼军队而下令建筑的。伊凡雷帝为了别处不再出现这样美丽的教堂，下令弄瞎了建筑师的双眼。

当年修建苏尤姆别卡塔的工匠们，应该庆幸这位美人让他们只用7天时间来修建这座塔吧，若非如此，伊凡雷帝修建了一座旷世奇塔，美人也没有纵身一跳，那他们的眼睛恐怕也保不住。

沿着红场和莫斯科河之间的道路，来到红场，第一眼见到的，就是圣瓦西里教堂。

这座教堂的确是我所见极其独特的教堂。教堂不是以大著称，而是没有任何一座教堂能比它更像童话里的城堡了。

圣瓦西里教堂有9座塔楼，全部都是洋葱头，每栋塔楼颜色各异，造型也有区别，仿佛建筑师的脑中装着安徒生的脑细胞，不管你看过多少洋葱头的建筑，当你看

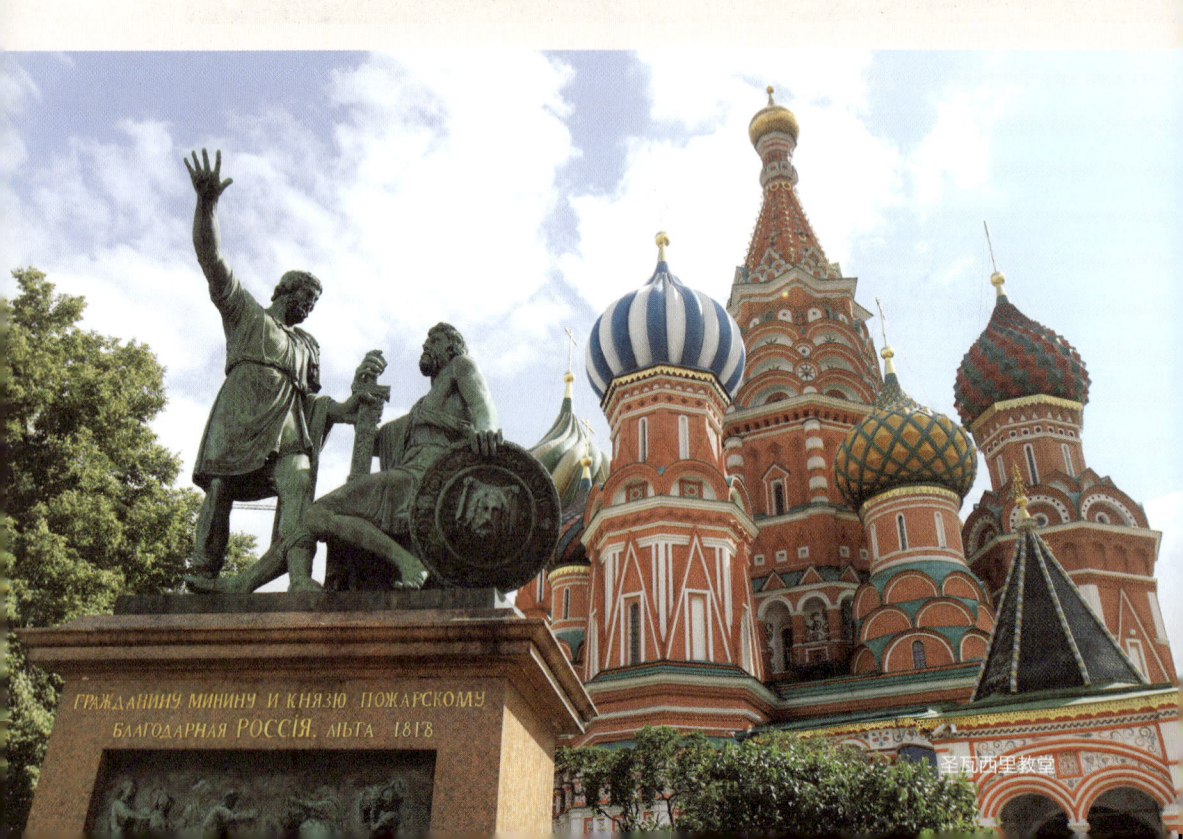

圣瓦西里教堂

到圣瓦西里大教堂的时候，一切其他洋葱头都是"浮云"了。

圣瓦西里大教堂前面的雕像，和建筑师或者伊凡雷帝之前没有任何关系。这是民族英雄米宁和波扎尔斯基雕像，1818年雕像落成。1611年至1612年，他们打败了波兰军队，解放了莫斯科。

波兰对苏联是有刻骨之恨的。明天的卡廷森林，我会细细讲这件事情。"二战"爆发也是以德国闪电战攻打波兰为起始，但对于波兰攻打俄国，这些历史确实是鲜为人知。500年来，俄国三次瓜分了波兰，波兰也两次拿下了莫斯科。

从圣瓦西里大教堂走过，眼前的红场让我们大失所望。一场乐队行进表演赛即将举行，红场一圈都被围上了不让走近，这是灰蒙蒙的天气之外给我们的又一个难看。

靠不近墙根，就只有远观一下了。走在红场的边缘，右边是著名的古姆百货，号称世界上十大著名百货商店之一，内部装饰繁复奢华。有女队员在里面买了护肤品，价格明显比很多地方都贵，不建议买大件的东西，观摩一下即可。

红场其实是比克里姆林宫要晚建两个世纪的，远观能看到宫墙左右两边，对称矗立着斯巴斯基塔楼和尼古拉塔楼。红场北面是19世纪用红砖建成的国家历史博物馆，带着浓烈的俄罗斯味道。

从红场到克里姆林宫的路上，看到有一处外方内圆的金属地面，不断有人站在中

从圣瓦西里教堂望红场

在莫斯科中心点上抛硬币的人

心点，向身后抛硬币，这是在干什么呢？

原来，这里被定为莫斯科的中心点，站在这里向身后抛硬币，有祈福之意。

有趣！我也来抛了一个。抛完了才发现，身后有两个老太猫着腰，在捡拾每个人抛出的硬币，这可有数算啊！

旁边还有装扮成"二战"战胜国元首模样让你合影的人，有同伴开始不知道是收钱的，上去合影之后才知道要收钱，三个人都要，还不便宜。

走过莫斯科中心点，最显眼的就是一溜儿长队，这个队伍的长度，和毛主席纪念堂前的差不多，这就是列宁墓了。1924年1月27日，列宁遗体的水晶棺就被安置在这里，陵墓一半在地下，一半在地上，墓顶为平台，供全民节日时俄领导人检阅游行队伍和军队。

队排得太长，算了，前面的克里姆林宫等着我们呢。

广场上的人挺多的，排队买票的时候，我们被俄罗斯人办事风格惊了一把：我们拿到的，是5人票每人350卢布，还有7人票的。这么多人就只有一张票，进门的时候得走一起，最痛苦的是进去之后参观有的建筑需要用票，这堆人不能走散了，这导致了我们在有的建筑进不去——强烈建议不要图方便买团体票。

买了票，经过"库塔菲娅塔楼"，就进入克里姆林宫了，首先看到是会议大厅，有6000个座位，据说内部装饰得豪华气派。

克里姆林宫里面的长明火是非常重要的一景，在很多画面中都看到过，长明火在俄罗斯也是很常见的。长明火映衬的是无名烈士墓，修建于1967年，纪念"二战"中牺牲的人。

"你的名字无人知晓，你的功绩永世长存。"无名烈士墓上的墓志铭让人感叹。

无人烈士墓每次换岗仪式，都会吸引大家驻足，你可以根据时间，进去或者出来时候看。

红场雕塑前的孩子

再往前走，就是克里姆林宫的主体了。现在的克里姆林宫依然保留着早期要塞的不规则三角形设计，长2235米、高5至19米不等的红色宫墙上，4座城门和19座塔楼环绕，现在还能看到一些原来的墙砖。

克里姆林宫主要由大克里姆林宫、天使教堂、参议院大厦、伊凡大钟塔等经典建筑构成，装潢集文艺复兴风格与俄罗斯东正教建筑于一身。

我刚走进宫内的时候，走的线路在人少的一侧，听到了哨音。原来是一位士兵在不停地纠正游客的脚步，告诉大家左侧线内不能走，因为这里面就是俄罗斯的首脑办公地。

继续往里面走，能看到一门超级粗壮的大炮，这门炮的重量据说达到了40吨之巨，炮口直径0.92米，炮架上有精美的浮雕，炮口的朝向让人觉得会不会打到自家庭

圣母升天大教堂

院。这门炮从未用过,用来合影倒是不错。

除了炮王,还有钟王。克里姆林宫内的钟王有专门一栋钟楼,这门倒扣的钟有202吨,真不知道是怎么运到钟楼上的。这座钟在首次撞击的时候就出现了裂缝,钟上面还掉落过一块十来吨的金属,看来质量值得商榷。

钟楼旁边是伊万大帝钟楼,高81米,是以前的莫斯科的最高点,楼内悬挂着十几口大钟,是莫斯科时间的主要传声筒。

这里的建筑很集中,也很漂亮。白色金顶的圣母升天教堂,从俄国历代大公到后来的沙皇,都在这里加冕,那金色的洋葱头组合起来,很有气势,看上去真的犹如冠冕。

右边是天使报喜教堂,是举行皇家婚礼的地方。对面的天使教堂是君王的陵寝,这里都是可以进去参观的。不能参观的就是大克里姆林宫,现在依然是俄罗斯的政府办公地。

由于时间关系,我没去成兵器馆和钻石馆,钻石馆里面是皇家珍宝。

在克里姆林宫,中国人的数量多得让我有一种国内的感觉。除了中国人之外的人也很多,广场上想要拍一张背景没什么人的照片是不可能的。人多,带来的就是喧闹,很难静下心来感受这种皇家的氛围,这本是安静的深宫。

克里姆林宫的主体已经看完,这里要讲个故事了:"二战"打得如此惨烈,克里姆林宫这些建筑是怎么保存下来的?

俄罗斯国家档案馆近年揭开了保存了64年的秘密:这里在"二战"时曾被精心伪装,以致于德国的飞行员无法发现目标。

当时,克里姆林宫内塔楼上的红星和教堂上的十字架都被蒙上护套,塔楼整体和教堂圆顶都被漆成黑色,套上麻袋。莫斯科城内又参照克里姆林宫城墙尺寸,造出各种伪装模型,仿造了红场和马涅日广场的部分轮廓。宫内的房屋都伪装得像剧院,塔伊尼茨花园部分建筑也被蒙上布顶。所有建筑全部漆成了莫斯科建筑背景色彩,战后才恢复原貌,比如那亮黄色的俄罗斯首脑的办公楼,就是后来涂的漆。

谁的胜利

出了克里姆林宫，正好是午饭时间，门口就有个麦当劳。这恐怕是俄罗斯生意最好的一个麦当劳了，找不到座位是正常的，里面外面全是人。而就算这么多人，麻雀和鸽子还是紧逼着人抢食食物残渣，麻雀就站在你头顶的雨棚上瞄着你，如果你抛出一根薯条，还未落地，就有机灵的麻雀在空中夺食，然后飞到旁边去，鸟已经练就了一身空中夺食的好本领了。

在这人流密集的地方吃午饭，主要的目的，是要去体验一下俄罗斯的地铁，然后去胜利广场。

莫斯科的地铁历史悠久。1935年开建，最初考虑得更多的是战备，其次才是交通。现在这里面可以躲400万人，而它本身的繁忙程度，在世界上也排得上前几位。

莫斯科地铁的走向是比较奇特的，基本上是拉斜线，互相之间的交点相对来说就比较少，不过据说与地面主要道路走向是基本一致的。而这里面最让我头疼的是没有英文注释，去哪里完全是一头雾水，你得先在其他地图上把情况弄清楚了，把要下车的站点、起点终点方向弄明白了，然后再来体验，否则你会一头雾水的。

俄罗斯有英语注释的地方，比北京少很多。这个国家呈现出来的，是一种强烈的自信，甚至有些自大。在地铁、街道等重要导向指引上不使用英语，给游客带来的麻烦就很大。

吃了饭，我们走进了红场地铁站买票，一张票28卢布，相当于5块多钱，进去之后是不限里程的，票面本身淡蓝色，是我所见各国地铁票中颜色最亮丽的。

我们不仅是来坐车的，更是来感受这座地下宫殿的。俄罗斯人说，皇宫是沙皇的宫殿，地铁才是人民的宫殿。

之所以说是宫殿，是这里的每座地铁站内部都很有设计感，造型典雅，都像是宫殿内部。特别是天花板，复古的吊灯、白色的浮雕，让你觉得这拥挤的场面只是要去参加一场舞会。比如马雅可夫斯基站，穹顶上镶嵌了31幅壁画，地上是红色的大理

车站站厅　　　　　　　　　　　　　　　漂亮的无人车站

石，感觉很奥斯卡，而交通极其繁忙的共青团站，内部真的和宫殿无异了，和大克里姆林宫一样的明黄色，让地下宫殿有了皇家感。

和北京一号线一样，莫斯科的一号线也是最老的线路。这条线路的车使用了绿皮车厢，我觉得像走进了电影里。

红场这座地铁站就很漂亮，是我喜欢的白色灯光加白色浮雕的质感。途中我们还在一个车站下了趟车，感觉有点埃及的风格。

地铁的每座车站都漂亮，多看几座，会对自己城市的地铁站千篇一律感到遗憾的。

我们从胜利广场（库图佐夫）站出来，前往凯旋门和胜利广场。出站不验票。

说到凯旋门，大家首先想到的是法国那座，而莫斯科这座，居然和法国那座是为同一场战争而建，这在历史上恐怕是绝无仅有的。对于一场战争什么叫作"胜利"，双方的解读是完全不同的——法国认为打败了俄奥联军，而俄国认为在自己坚壁清野的战法下，法国人在这里什么好处也没捞到，撤退时还因为天寒地冻而损失惨重，所以俄国人也说胜利了。

我们确实是运气用尽了，来到凯旋门的时候，凯旋门正在做清洁，无论如何也照不出一张干净的画面。

胜利女神纪念碑

　　这座凯旋门位于道路中间，门前有小花圃，坐在凯旋门前，看车来车往，遥想拿破仑与沙俄的缠斗，或者让思想放空一会儿，都是不错的。

　　走过街口，对面就是胜利广场了，这是苏联纪念另一场战争胜利的标志，比凯旋门恢弘许多，建立时是"二战"胜利50周年。

　　胜利广场的代表性雕塑为胜利女神纪念碑，从广场入口走到胜利女神纪念碑，可以看到从1941开始的标记，一直到1945，象征一步步走向胜利。

　　胜利女神碑高141.8米，象征着1418天的苏联卫国战争。这座纪念碑在俄罗斯应该是最高的了吧，直刺苍穹，上面有举着月桂花环的胜利女神，下面是几位骑士，与凯旋门上的马车骑士呼应了，碑身背面刻有花纹。

　　广场很大、植物很少，所以用了很多喷泉来使之看上去有了生气。

　　纪念碑的后面，是卫国战争博物馆，收费320卢布。这座博物馆里面有苏联插上德国国会大厦上的国旗，哀悼厅里面有2700万颗玻璃珠，代表卫国战争死去的2700万人。想想当年苏联人口不过2.13亿左右，有多少人因为战争失去了家人，何况，当年苏联在士兵统计上存在缺陷，如果从战后人口和战前人口进行对比，苏联"二战"失去的人口高达4400万，也就是每5个人不到就有一人死亡，还有很多伤员，苏联男人比女人数量少，当时就埋下了问题的种子。

　　当年德国在西线的损失，是200多万人，苏联的这一次胜利，和当年建凯旋门的那一次胜利一样，都是"惨胜"，都以大量的死亡和村镇的坚壁清野为代价。

　　今天的行程结束得早，回去又逛了下大使馆和大使馆外面的林间步道，一位妈妈吹着泡泡逗着孩子。阳光下的莫斯科，真好。

色彩丰富的山城

色彩之城

DAY 29
8月28日
莫斯科到奥尔沙

从莫斯科到白俄罗斯，只需要大半天车程，这也难怪在过去波兰能打到莫斯科，俄国也能占领波兰，白俄罗斯就夹在俄罗斯和波兰之间。

我们在办理俄罗斯和白俄罗斯签证的时候，摆了一个乌龙：我们的俄罗斯签证到期日是8月27日，白俄罗斯的签证起始日是8月28日。

表面上看还真可能看不出问题，但仔细一看，问题很大：究竟在什么时候过境呢？

我们过境的时间，只能是8月27日24点，8月28日零点！

意识到错误的时候，已经是我们在俄罗斯境内了，改不了了，只能按照"24时过境"的不得已的办法走了。

所以，我们在8月27日并没有一早出发前往白俄罗斯，而是选择了午后，这样不至于在俄罗斯和白俄罗斯之间找不到幸福终点站。

出城时堵车还算不太严重，不过有辆车不小心落下了，用了好大力气才追上来。车队从此出发前都要按照顺序报号，我们这次落下车，是因为报号没按顺序，有个车没报号我们也没听出来。

莫斯科到白俄罗斯的道路，以四车道为主，甚至还有双侧车道使用深浅不同颜色路面进行区别的人性化设计，让我们充分感受到莫斯科与欧洲方向的联系更多。

一路向西，看到有的加油站有加气和加水的自助服务了，但依然是没有厕所，真不知道建厕所怎么这么难。

一路都是我在开车，两边的森林密布，经过了短暂的阳光之后，天气急转直下，很厚的云的阴天，温度一下子降到了13℃，感觉这边只要没太阳，温度就下降得特别快。

开了6个小时的车，顺利抵达斯摩棱斯克。

斯摩棱斯克这个名字，能联系起来的，就是"战役"这个后缀。其实，斯摩棱斯克战役还不止一次，有三次，一次是拿破仑击破沙俄，一次是德国击溃苏军，一次是苏军反攻德军。

我们6个小时从莫斯科抵达斯摩棱斯克，可以想见这里的位置的重要了，拿下了斯摩棱斯克，莫斯科就岌岌可危。

所以，在第一次斯摩棱斯克战役中，撤退的沙俄军队采用了自己烧城的方式撤

环境温暖的晚餐厅

退,这种方式在卫国战争中也有大量使用。方法我觉得非常糟糕,但战争也许就是如此残酷。

来到斯摩棱斯克,远望去,树林中点点房屋,是一座漂亮的山城。

我们是在斯摩棱斯克吃晚饭,然后出发去白俄边境的,因此在斯摩棱斯克只是吃个饭而已,没有更多时间停留。

但就是这短短的时间的印象,我觉得这是此行中,色彩最丰富的一个城市:在蜿蜒上山的入城道路两边,几乎找不到两栋颜色一样的建筑,而且每栋建筑都是颜色亮丽且外立面干净,和这座城市饱受战争创伤的历史完全联系不起来。

走完所有的入城上山道路,始终没感觉到这里曾经与战争有关。

颜色的强烈冲击,让我们下车后都想去多拍几张沿街的建筑,这是玩的小清新风格啊!

斯摩棱斯克看上去并不是大城市,我们就在上山道路结束的右手边,找了家环境还不错的西餐厅吃饭。

这应该是我们在俄罗斯境内,吃到的最好吃的一顿西餐了。俄式薄饼很有名,这里有两种口味的俄式薄饼,味道都还可以,主菜的牛排配烤蔬菜虽然味道一般,但餐后的自选甜点味道非常正点,甜食让心情一下子就愉悦了。

这座西餐厅的内部装修全部是田园风的暖色调,在冬季冰天雪地的俄罗斯,这样的餐馆应该是相当温暖可人,也许是甜点让我飘飘然了吧,6块钱人民币一份的甜点,价格也很平易近人。

每一个十字，就是一个埋人的大坑

卡廷森林

吃了晚饭的时间尚早，团队临时决定，顺路去卡廷森林。

卡廷森林是我们这一趟的重要意外收获之一。

到过这里的中国人应该寥寥可数，但这段历史却非比寻常。卡廷的魔咒甚至在三年前再度演绎：波兰总统卡钦斯基在坐飞机前来纪念"卡廷惨案"70周年时，飞机失事，他和96位波兰高层同时遇难。

卡廷森林，被联系起来的只有一个词：惨案。1940年春，约2.2万名波兰政界、军界和科学界的精英，在苏联境内的卡廷森林等地被秘密枪决。事件发生后，苏联、德国都指责是对方干的。当年波兰流亡政府怀疑是反法西斯同盟的苏联干了这件事情，导致苏联与波兰流亡政府断交。

1990年，波兰总统雅鲁泽尔斯基访苏时，苏联终于承认了对卡廷事件负责。2010年，俄罗斯总统梅德韦杰夫下令公开了卡廷惨案的历史文件——

1939年9月1日，德国对波兰发动闪电战，第二次世界大战爆发，9月17日，苏联也进军波兰，波兰西边成了德国的，东边成了苏联的，苏联俘虏了25万名波兰军政人员。

苏联认为波兰俘虏是个大包袱，同时为了能对波兰进行更稳固的占领，决定将波兰战俘中的精英，全部进行肉体消灭。

其实苏联和波兰此前几百年有五次战争，关系一直不好，而20年前波兰对待苏联战俘也不友好。苏联认为波兰战俘今后有可能成为反对苏联的生力军，所以需要对他们进行枪决。在卡廷森林，所有人被反绑双手，枪法均是从后脑射击子弹，子弹前额穿出，一枪致命，4421名被赶进这座森林的波兰精英无一幸免。

此后，苏联又在几个集中营枪决了波兰战俘，与卡廷森林枪杀的合计21857人。

森林中地上铺设的栈道，避免工人过度害怕

1941年6月22日，此前瓜分了波兰的德国和苏联爆发战争。希特勒的队伍1943年在卡廷修建道路时，发现了树叶和泥土下的累累白骨，发掘了多个大坟，德国就此展开了广泛宣传，由于证据确凿，反法西斯同盟关系受损。但苏联坚称此事是纳粹德国干的，以至于在战后的纽伦堡审判德国战犯时，都回避了这个问题。

此后几十年，苏联都坚决否认这桩当年事，而波兰则一再追问。波兰的市中心专门设有纪念卡廷惨案的纪念碑，舆论指向就是苏联干了这件事情。

直到1990年，苏联承认了这件事情。1991年12月23日，戈尔巴乔夫在移交总统权力时同叶利钦、总统办公室主任一道，开启了总统密档第一卷的封印。戈尔巴乔夫后来回忆说，"我们的头发都竖起来了，我们无权对波兰隐瞒事实，我们三个人当即认为，不论后果如何，也应向波兰方面通报。" 1992年10月14日举行的俄波通报会议上，波兰总统瓦文萨手接密档副本，面对这些50年前冷冰冰的密档，他全身颤抖。

当我们车队途经卡廷森林的时候，两边的树林高高，道路也不像下午那样好了，没有路灯，渐渐能感受到一种肃杀之气。

寻找卡廷森林遗址，是找了当地人带路的。因为这里并不是太打眼，最好的路标，是路边凭俄语感觉拼出的卡廷，和道路左边的一个金顶的教堂。从斯摩棱斯克出发到这里大约需要半个小时。

此时是晚上8:20了，这里已经关门，但听说我们是从遥远的中国开车而来，馆方网开一面，馆长亲自给我们讲解这段历史。

我们都肃穆地听着他的讲述，当年挖掘的照片，看得人触目惊心。

"这块石头，立在路中间，就是'路的选择'的意思。不过当年，不管选哪条路，都是死路。"馆长指着一块大石头，语气沉重。

走其中一条路，前往森林深处，开始觉得毛骨悚然，4000多具遗体被分别埋在6个大墓穴里，每个墓地的面积为60米×36米，即2160平方米。两位最高军阶的将军被分别单独埋着。

"这些地上的十字就是一个墓穴，外面的方框是墓穴的大小。"馆长说，"这面

卡廷森林教堂

插着花束的纪念墙

墙壁，上面刻着卡廷惨案遇害者的名字，上面大写的是一位女飞行员的名字，是当时弄错了造成的，我们把钟设在地下，这样他们才能听到钟声的敲响。"

他敲响了钟，我们肃立在这里，为当年的遇难者默哀，墙前面有很多的鲜花，前来纪念者不少。

一堵蜿蜒的金属墙壁上，也刻有当年的遇难者名字，这些名字都要大一些，有一个名字旁边，还有一张家人来贴的黑白照片，墙缝里插有鲜花和国旗。

"这里发掘的时候，工人们都不敢下地走路，所以在森林的路上搭建了一座桥，让大家走路心安些。"馆长说这话的时候，我真的觉得已经是汗毛倒竖，不敢在这阴森的森林中继续向前走。

天色加重了恐怖的气氛，我们走了出来，心情难以平静，我们把来自中国的小礼物送给了馆长，我们能给予的是中国人的友谊。

现在，卡廷惨案的一切都已经揭秘，卡廷惨案的电影也已经上演。波兰总统卡钦斯基2010年前来纪念卡廷惨案时遭遇空难，不幸去世，为这个惨案增加了更多的悲剧成分。

天色已暗，离开卡廷森林，赶紧奔白俄边界而去了。

哪里是边境

从俄罗斯到白俄罗斯，我们觉得，虽然哈、白、俄三国有关税同盟，但是既然从哈萨克斯坦到俄罗斯的边境过关都比较复杂，从俄罗斯到白俄罗斯应该也不简单。

没看到还有多远到边境的指示牌，我们只有凭谷歌地图的指引，逐渐靠近边境，此时是晚上11点过了，我们算算时间应该差不多。

一路上我们都在小心提醒，要注意边境线在哪里，因为这一带有路灯了，路边货车又多，如果边境线只是简易栏杆，车冲得太快会有问题的。

以50公里的时速开着，忽然我们看到了一个白俄罗斯的路标。

我们好像莫名其妙地已经跑到白俄罗斯境内了！

再往前开了一点，确实是白俄罗斯了！赶紧车队全部掉头，往回开！

为什么要往回开，而不是过了就过了？

唯一能看出是进出俄罗斯的标志

往回开，我们还是没有看到边境线在哪里，又开回了有路灯的那条俄罗斯的街上。

边境线究竟在哪里？我们又调转车头，但，不敢往前开了，这必须要问人了。

问得很辛苦，问到的结果，简直是匪夷所思——

我们要办理过境手续，需要在一个咖啡馆办理。

咖啡馆？我们表示真的无语，这是很严肃的事情好不好？

好吧，我们找到了这家咖啡馆，里面不是什么办理证件的地方，而是可以咨询需要办理哪些证件，这才问到旁边有办手续的地方，是一个很窄的简易板房。

俄罗斯方面在我们进入哈萨克斯坦的哈白俄关税同盟的单子上盖了章，算是有了哈白俄的进出记录了，这就算是车有了过境的证明了，然后我们在板房办理了人的过境手续，相对哈萨克斯坦到俄罗斯要简单些。

然后，又是一个怪规矩：我们需要在一个加油站去办理车辆保险和过路费。

在如此不起眼的板房办理过境手续

好吧，找到了这个加油站，超市的背后确实有个办事大厅，已经有不少货车驾驶员等在这里了，我们需要办理的是车辆的过路费和保险费。

这里需要回到前面的问题回答了：为什么我们要折返回来。

来之前我们做过功课，在俄罗斯和白俄罗斯边境，必须购买过路费和保险费，这个全凭"自觉"，如果不买，那在白俄罗斯的路上就等着罚款吧！

12点，应该开闸卖这两样东西了，结果——白俄罗斯每天凌晨零点都要更新汇率，因为过境车辆很多都不是持有的白俄罗斯货币，因此大家需要等半个小时，把汇率算清楚了来，再决定是要缴多少钱。

顺便说一下，白俄罗斯卢布很不值钱，一块钱人民币要兑换1400多块钱的白俄罗斯卢布，每天真还有汇率变化。

已经有些疲惫了，又不敢走，我们只好苦等这半个小时。

开卖了，买这两样东西需要签的字可真够多的，一二十个吧，又没有一个熟悉白俄罗斯语言的翻译，填表都费劲，带来的证件都用上了。

两样东西，一样用了239600白卢布，一样用了360400白卢布，算起来人民币400元左右，领到一张ETC通行卡，贴在车内，保险身上带着。

此时已经是凌晨一点半过了，很困，车队重新上路，不排队，直接过境了。

过境之后，就听到ETC卡上在通过龙门监控器时，会发出轻轻的"滴"声，这是感应到了我们车辆的通过。

说实话，在哈萨克斯坦和俄罗斯过惯了不收费的路，这边收费，还真不习惯。

没办法，收吧！带着浓烈的睡意，我们在凌晨3点，抵达了白俄罗斯小镇奥尔沙，入住，这500多公里的一天终于结束了。

白俄罗斯篇

布列斯特,又一个只会被与战争联系起来的地方,布列斯特要塞纪念馆里打得炸裂的机枪,让人充分感受到战事惨烈。

奥尔沙到明斯克

明斯克

明斯克到布列斯特

布列斯特

布列斯特到华沙

DAY 30
8月29日
奥尔沙到明斯克

飞机随便玩

奥尔沙是白俄罗斯的一个小城，人口只有十来万，这个城市被提及的时候，也时常与战争相关。所以，我们醒来的时候，看到酒店旁有一座关于战争的雕塑，上面三位战士都是目光如炬，表情一致，都能看出要与敌人决一死

飞机随便玩

战的状态。

在奥尔沙我们是没有任务的，就是通过。从这里到白俄罗斯的首都明斯克，只有二百来公里，开车就是两个多小时，加上到达奥尔沙的时间实在太晚了，所以我们决定吃了午饭再走。

另外，进入白俄罗斯，我们就又"赚"了一个小时回来，和北京时间之差变成5个小时了。

我们就近找吃的，找到了一件提供米饭的日式料理。

这顿饭吃得难受，米饭是夹生的，所谓菜就是把炸鸡块放在饭上面。

一人一份的饭菜，吃完了一算账，我的个神，居然是270万白俄罗斯卢布！

白俄罗斯卢布实在太不值钱，1400多白俄罗斯卢布换一块钱人民币。拿着

很大一张张票面的白卢布，感觉自己很发达了，其实这些钱还不如白萝卜值钱，我们从此都称白卢布为"白萝卜"了。

换算下来，30多个人，一个人也吃了七八十块钱。在国内，这样的饭菜也就值一半的价钱了，白俄罗斯的消费还是不便宜的。

吃个半饱，出发前往明斯克。

收费的公路和不收费的俄罗斯的公里相比，稍好一点，但并非有隔离网的高速公路，只是走起来平整度较好而已，一般是双向四车道，加一个比较窄的应急车道，双向车道之间有草皮隔离带，部分路段有护栏。车内不时传来"滴滴"声，白俄罗斯公

街头练体操的孩子

路上的监控头是比较密集的,随时都能发现你有没有超速,有没有通行费的卡,这里限速大约是120公里。

白俄罗斯路边的景色和俄罗斯类似,两边的草与树都差不多,需要穿外套,能看到路边翻犁后准备播种的土地,也有很多荒地。

从莫斯科到明斯克再到波兰,可以一直沿着一个路标走,那就是"M1"。这是莫斯科通向德国的主干道,看着M1走就一定不会走错。

路边偶尔能看到厕所的标志,我觉得厕所的有无是判断一个国家文明与否的重要标志,白俄罗斯加油站偶尔有厕所。

沿途没有其他城市，开了两个小时，我们来到了白俄罗斯首都明斯克的机场，在这里我们要了解白俄罗斯工业园项目，这是中国投资的项目，也是白俄罗斯最大的工业园，税收低至4%。

在这里，我们有意外的收获就是玩飞机。

此前我还没有在任何地方，见过飞机当个大玩具给你玩的。明斯克机场外的草坪上，就放了六架飞机，任由你把玩、拍照、没人管。

这六架飞机，有老掉牙的图-154，图-134，有伊尔-76运输机，还有颜色鲜艳的双翼飞机，每一架看上去都相当有历史感了，很有味道。

顺便说一下，图154是苏联1966年研发出来的客机，机舱乘坐感不佳，主要卖给了周边国家。鉴于这一型号出了太多机毁人亡的事故，中国2002年起不再使用这种飞机了。昨天提到的2010年参加纪念"卡廷惨案"70周年而遭遇空难的卡钦斯基，这位波兰的总统，前往俄罗斯斯摩棱斯克乘坐的专机，就是图-154，如此老旧的客机，要了这位国家元首的和机上另外95人的命。

这六架飞机，你可以任意摆造型拍照，也可以动手去摸，这确实是一种难得的机会，大家都把推飞机、打飞机、举飞机等姿势玩了个遍。

从机场出发前往明斯克市区，只需要25分钟，找了家吃中餐的地方。

这家中餐厅第一顿饭食不怎么样，但在接下来的几顿饭，老外主厨以极其敬业的精神，学习了川菜的做法，并做出了相当符合我们口味的川菜，绝大多数菜都能看到辣椒，那是相当的感人啊！

吃完饭，看到几位小朋友在一个有条石护栏的草坪边，玩着各种体操动作，看上去很是惊险，但他们完全陶醉其中，无一个动作失败。白俄罗斯真不愧为是体操和艺术体操的强国啊，街头都能看体操！

晚上住的地方，位于光荣纪念碑旁，酒店名称ГОРОД-ГЕРОЙ，和此前不少酒店一样，这个酒店位置好，外观看上去很有气势，但就是酒店房间本身不怎么样，和外观相比不在一个档次上。

欧洲中心

在明斯克，有一座欧洲中心纪念雕塑。白俄罗斯人认为白俄罗斯就是欧洲中心，而明斯克是中心的中心，因此有必要标记一下。

因为是中心的中心，明斯克在"二战"时期饱受战火，德军把这座城市几乎夷为平地，而郊外的斯大林防线，并没能保护这座城市免于战火。

在苏德战争中，明斯克就是一个大战场，老建筑都在"二战"时被摧毁了，在这座城市，能看到很多和战争有关的遗迹。

中国人对于明斯克这个词的了解，恐怕还不如对明斯克号的了解，明斯克号航母被辗转从韩国卖到了中国。

今天早上有州政府的采访任务，此后参观明斯克市内的一些标志性建筑和地方，好在这些标志性的地方相距都不远。

DAY 31
8月30日
明斯克

欧洲中心标志

白教堂　　　　　　　　　　　　　　　　　　红教堂

  首先来到的是圣灵主教大教堂，一般被称为白教堂。白教堂前，一位女士正在整理头巾，准备入内，一位大胡子男人忧郁地走过，一对夫妻和两个孩子拍着艺术照，一群鸽子在地上觅食，这一切都和平安详。

  白教堂周边的建筑基本上都是白色的，白教堂本身是哥特式建筑，虽然说不上宏伟，但和周围的建筑很协调，能感觉到一种圣洁。

  教堂用颜色区分，那里还有座红教堂。红教堂位于欧洲中心纪念雕塑旁，建筑规模也不大。据说是一位富翁因孩子托梦而建，教堂红得很纯粹，是新人来拍照和纪念的好地方。

  红教堂位于白俄罗斯国立大学和国立师范大学之间，离欧洲中心标志只有几十米距离。

斯维斯洛奇河边，一群美女见记者拍照，欢快地笑着

　　说实话，此行之前，我确实不知道明斯克是欧洲中心。这其实仅仅是从地理的角度来说的，以苏联叶卡捷琳堡以西广袤的地域作支撑，白俄罗斯可能算得上欧洲的中心，但现在国与国之间的经济，并非是位于地理中心就是中心，还是要以经济发展程度来度量。

　　这个中心的标志，上面有天鹅飞舞，有喷泉相伴，下面是一个有点类似于哈萨克斯坦首都阿斯塔纳可汗沙特尔内的购物中心。进去逛了一下，人气不错，也不显得拥挤，只是里面的品牌没看到什么大牌，卖冰淇淋和糖果的倒是不少。

这个区域的标志性建筑不少，因为两边都有大学，下面还有大商场，在这里能拍到不少充满活力的脸。

明斯克市区还是有点堵车的，所以我们在每个点位上的时间都不太长。

然后去了斯维斯洛奇河畔。

斯维斯洛奇河畔是当地人拍照的好地方。在这里我们看到了三对新人来拍照，还有好几个漂亮女子拿着相机来自拍。当他们看到我们的相机时，无不心花怒放，摆出造型让我们拍个够，我们也开心得不得了。

白俄罗斯是一个盛产美女的国家，也许因为美丽使美人自信，我们还没有遇到一例我们想拍她摆手示意不要的。

斯维斯洛奇河这一段风光不错，前面是水，后面是城市的背景，一座拱桥能走上河中间一个天然小岛——泪岛。

泪岛不大，走完一圈两三分钟，正中间有一座雕塑，这座雕塑的风格和一路上所有的雕塑都不同，一群肃穆的人的上方，建了一个教堂的塔尖。

果然，这座雕塑纪念的事件也与众不同，它是纪念的在苏联入侵阿富汗时阵亡的800多位白俄罗斯士兵。

因为泪岛，这一段的斯维斯洛奇河又被称为泪河，当泪水已经成河，那是有多悲伤。十年阿富汗战争被认为是苏联对外关系的重大失败，这800多位死去的战士本不该成为牺牲品。

明斯克市内有两座纪念"二战"的纪念碑，过去人们常去的是胜利广场纪念碑。碑就立在一个类似于转盘的十字路口，碑两侧有十二个苏联的英雄城市的名称，包括明斯克、布列斯特、基辅、斯莫棱斯克、莫斯科、斯大林格勒、列宁格勒等，碑前有长明火，这和俄罗斯是一样的。

纪念碑为何设在一个类似于转盘的地方？据说是因为"二战"时，德军攻打明斯克，打到最后几乎所有建筑都被炸毁了，只剩下了两栋建筑较为完好，于是"二战"

光荣广场前的滑板小孩

1.光荣广场前的滑板小孩
2.斯维斯洛奇河边跑步的好朋友
3.骑过胜利广场的人
4.当地人拍着婚礼照

后就在这里树立了纪念碑，以示明斯克是无法击溃的。

纪念碑的地下通道值得去走走，里面有"二战"时候所有阵亡的、获得苏联"英雄勋章"的白俄罗斯人的名字，还有一个两米直径的琥珀花环。

不管是泪岛还是这个通道的死难烈士名字墙，我们都能感受到白俄罗斯和苏联的关系，以及对自己需要单列的一种想法。

最后来到的是光荣广场，这里就是我们住处的旁边了，周围都很开阔，据说这里是现在白俄罗斯人更愿意来纪念"二战"的地方。1945年4月，苏联红军和白俄罗斯方面军在这里会师，"二战"东线出现了明显转折。

光荣广场带有石梯，上面是三把剑的纪念碑，碑下面是一群玩滑板的少年，正以纪念碑的碑座为起点，反复练着跳跃。看到我的镜头，他们集体摆出造型让我拍，白俄罗斯人男男女女都很大方。

夕阳打在光荣广场旁的建筑上，泛着金光，一群单车少年穿过广场前的十字路口，战争的记忆正在远去，唯愿历史不再复演。

明斯克街头夕阳下，一幅白俄罗斯的国徽宣传画

地堡外视野开阔

看得见的防线

DAY 32
8月31日
明斯克到布列斯特

纵观白俄罗斯这一路，没看到一座高山，地势开阔无险可守，在这样广袤的土地上，修建一条1200公里长的防线，能抵御飞机大炮的推进吗？

对于斯大林防线，历史早有定论，这是一条失败的防线，它只在局部、很有限地抵挡了法西斯德国的入侵。德国军队轻易就在点上突破，绕到了防线的背后，而这座防

1. 斯大林防线现在已经是风景如画
2. 一位游人登上飞机一探究竟
3. 各种武器一起陈列的斯大林防线

线只要一个点被击破,其他段很快就没有存在的价值了。

这条防线贯穿整个白俄罗斯西部,引用一段百度百科的介绍吧:它由23个庞大的筑垒地域构成,包括4000多个永备火力点,全部是由钢筋混凝土和特殊材料做成的。工事的墙壁有1.5米厚,多么坚固!工事里面有76毫米火炮和马克西姆机枪,还有观察用的潜望镜。到处是侧防暗堡,前面则是各种各样的工程障碍物和地雷区。有些火力点是一层的,有些则是双层的,下面有防空洞。

斯大林防线耗资1200亿卢布,在当时是倾苏联国力而建的秘密工程,本来是没有

名字的，战争打响后，这条未能抵御德军的防线被国外媒体叫作斯大林防线。

今天，我们要去的，就是这条斯大林防线的一部分——白俄罗斯2005年按照当年工程图纸对明斯克筑垒抵御进行修复之后，建造了一座露天博物馆，这就是斯大林防线博物馆，白俄罗斯名字Линия Сталина。

从明斯克市区出发，到斯大林防线博物馆不过20多分钟的车程，路也很好走，一路森林大道，还能看见白俄罗斯用于皮划艇的赛艇中心。

斯大林防线位于道路左边，很容易就能看到，因为现在的这座防线博物馆，并不

地道里参观的游人和孩子

是只有地下部分。大量当年用过的武器，包括飞机坦克什么的，都在地面上一字排开，不需要再躲避什么。

来到防线的第一印象，说实话，是觉得这里相当的漂亮，一座小湖将防线分为了两个部分，湖边芦苇丛生，蓝天白云。

当然，满眼的军火，在蓝天下一样打眼，这里就犹如把叶卡捷琳堡的军事博物馆搬到了明斯克的丘陵地形上，而后者更有现场感和历史存留感。

明斯克段的斯大林防线长约140公里，共有327个永备火力点，分布于1~6公里的纵深。由于明斯克是兵家必争之地，这里的防线也显得特别地坚实。

买票，走进博物馆，有两条路可以选择，一是先看当年的武器装备，二是先看实战区。

那就先看实战区吧。

实战区，可以看到当年的战壕，这些战壕不是只挖了壕沟，壕沟边上都有木栅栏加固。我走进一段壕沟，居然没有找到出口，只有原路折返了，当年在壕沟里面钻，需要对地形有足够的熟悉，才能迅速到达需要到达的点位。

壕沟边上，有一些独特的反坦克火力点，是用坦克做成的塔堡和装甲帽堡。这些其实都是"假坦克"和"假装甲车"，让敌军误以为火力很强而畏惧而已。

有几个地堡是可以钻进去的，我们进去了两个，地堡的墙上，都写着苏联誓将敌人赶走的红色标语。

地堡里面很黑，点着昏黄的灯，果然是有76毫米火炮和马克西姆机枪。由于马克西姆机枪很容易发热，所以里面有供水的软管，冷却水供不上机枪就会哑火。

地堡里面有潜望镜，位置同样很窄，可以清楚地看到地面上的情况。在地堡里面转身都困难，只能有几个人在里面驻守，不过也只需要几个人就够了。前面很开阔，有地雷和路障，士兵冲锋的话，一个地堡就能击溃一大片。

当然，这是假设对方没有飞机、坦克的情况。

现在守护地堡的，是白俄罗斯的志愿者，多是学生，他们义务来这里，站在地堡

214 开车去柏林 DRIVING TO BERLIN

边做讲解和服务。我把中国的折扇送给了一位守护这个地堡的白俄罗斯学生，他激动地和我合影，双手合十，连声道谢，非常友好。

地堡之上，有瞭望台，地面还有大炮配合，都指向了开阔地带，这里的地势略高，确实有登高望下的感觉，不过只是缓坡。防御工事没有两个火力点完全一样，而是根据具体任务和地形修建的。

从实战区到武器陈列区，要通过湖上的栈桥，把博物馆建在有漂亮湖水的地方，也许是希望可以消减战争的残酷吧。

通过栈桥之后，来到武器陈列区，这里只做了简单的分类，飞机单列，大炮、雷达和导弹类的武器混合在一起，还有运兵车、工兵车等的陈列，堆放得很密集。

在飞机区域，有飞机还涂装成了鲨鱼的样子，看上去很有那个时代的感觉。一位说中国话的儿童被爸爸带着来这里玩，他好奇地推着一枚导弹，问爸爸这是什么，用来干什么的，战争在他脑海中连一个单词也许都还不是。

一位中国小朋友好奇地摸着一枚炸弹

坦克有专门的堆放区域，所有武器都可以亲手触摸，去感受当年的历史。

看到这么多的武器，而且很多在当年都是非常先进的武器，回到最初的问题上来：耗费苏联11年时间铸就的斯大林防线，为什么会被轻易突破？

真正的事实是，一战之后不久，苏联就意识到来自西面的威胁，因此开始秘密铸就斯大林防线。德国1939年9月1日进攻波兰致"二战"爆发后，苏联深感威胁巨大，于是采取了先发制人的战略。这种先发制人不是去攻打德国，而是用各种方式让位于德国和自己之间的"缓冲地带"变成自己的"领土"，或者说防御体系，和苏俄几百年都不友好的波兰就首当其冲，20年前结束的波苏战争中苏联也觉得自己没占到便宜，于是占领波兰西部，卡廷惨案随即发生；同时，苏联和芬兰爆发战争，苏联进军芬兰占领卡累利阿地区，同时还吞并了波罗的海立陶宛、拉脱维亚和爱沙尼亚，驻军罗马尼亚。

苏联把自己对德国的防线，从自己国家向西边推进了300公里以上。新增的46万平方公里的土地的最重要作用之一，是抵挡德国，这就是所谓的"东方战线"。

苏联把太多的兵力用在了"防线之外的防线"，相反，在用11年力量铸就的斯大林防线上投入兵力严重不足。德国打过来的时候，斯大林防线并没有迅速组织力量防御，导致德国在和苏联的战争初期闪电推进成功，把布列斯特要塞围成孤岛之后，斯大林防线很快被突破。

如果当年苏联只据守斯大林防线，也许情况会有变化，至少不会在战争初期如此溃败，也不至于在斯大林格勒和莫斯科保卫战中异常惨烈。

城堡如画

斯大林防线和城里面的距离很近，所以我们从斯大林防线又回到城里，在那家天天都有明显进步的中餐馆吃川菜。今天的午餐居然有回锅肉！让一个白俄罗斯的厨子做回锅肉这样的川菜第一菜式，真是难为他了！

吃完饭，我们就退房出发去布列斯特了，那里有我们很重要的工作任务。

前往布列斯特的路上，有两个漂亮的城堡，米尔城堡群和涅斯维日城堡。

我们选取了其中一个，更加顺道的涅斯维日城堡。从时间安排上看，一下午走两个城堡也不现实，城堡这种风景，不能赶着看，只能静静地去感受。

涅斯维日城堡位于白俄罗斯首都明斯克东南约120公里处，始建于1583年，前往城堡的路并不难找，开惯了俄罗斯和白俄罗斯的准高速路，开乡间道路，有另外一种感受，双向两车道，车少，开起来也很畅快，不过在小镇上需要减速。

涅斯维日城堡到了，把车停到停车场的时候，几乎找不到停车位，停车场里面停着很多的哈雷摩托，看来这里也是为拉风狂飙而来的目的地。

最开始我还以为停车场附近一栋在维修的就是涅斯维日城堡，以为又中奖看不成城堡了，随后看到人流的方向，才知道要通过一条湖畔道路，方能抵达城堡。

沿着一片波光粼粼的湖前行，马车和观光车拉着游客，情侣在湖畔漫步，路的尽头远远就有城堡的那种氛围了。

伴湖走完，看到一尊苏联红军叔叔的雕像和一个花环，石碑显示，这里在1941至1944年有过战事。

走过这个雕像，城堡就在眼前了，那一刻，那一个角度的风景，可以用"震撼"这个词。

眼前的城堡，在阳光下倒映在护城河里，方形的城堡用桥和外面相连，里面的建筑黄墙朱顶，塔楼和黑色的圆顶与建筑很协调，在树影婆娑中，一群鸟儿飞过。这画面看上去如此完美和谐，真如油画一样。

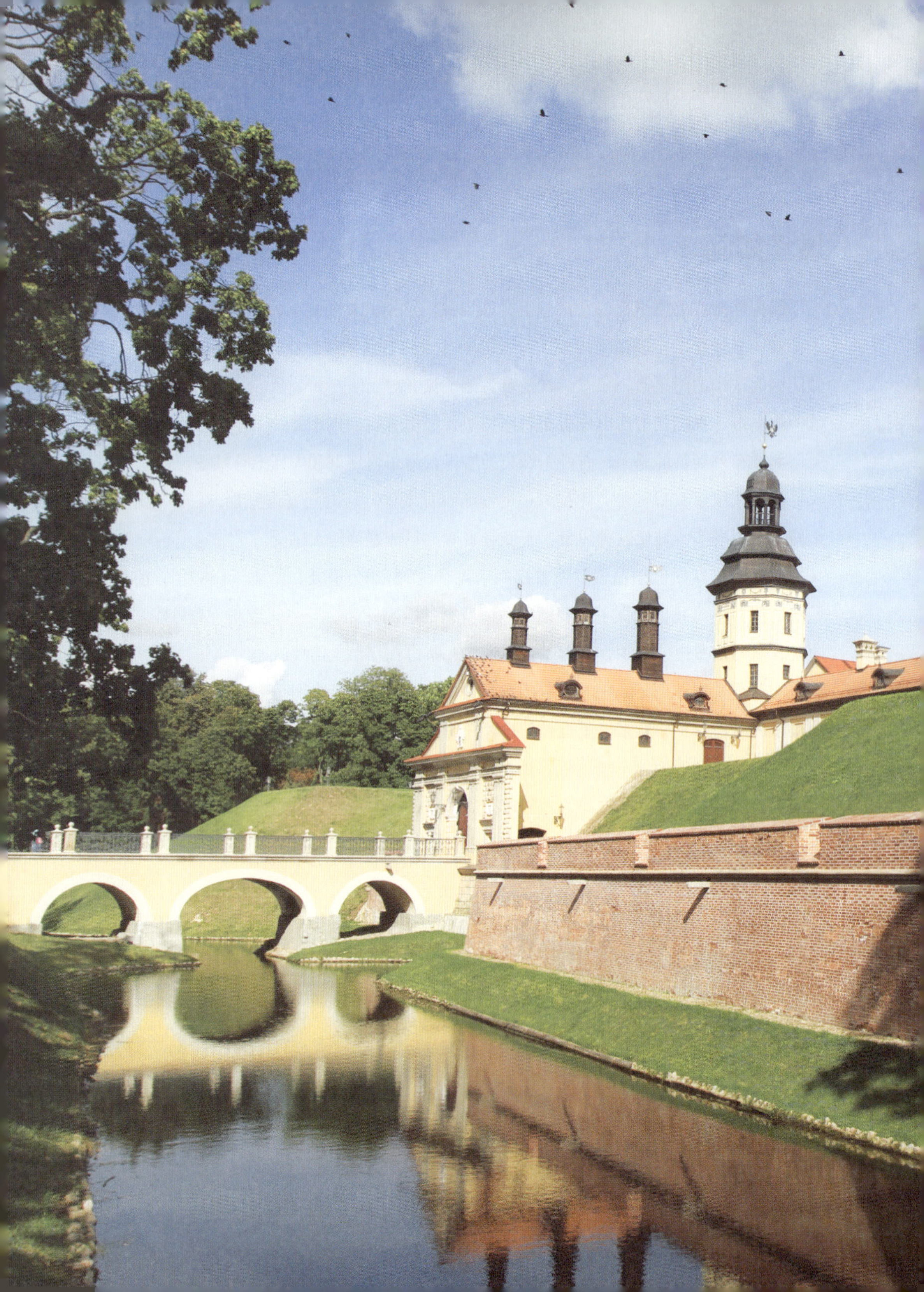

涅斯维日城堡，风景如画

城堡内部有一个广场

　　涅斯维日城堡长170米，宽120米，坐落在乌沙河右岸，是欧洲最漂亮的城堡之一。城堡各组成部分在几百年间被来自几个国家的建筑师赋予了不同的风格，但整体风格很协调。涅斯维日城堡历史上多次在战火中遭到严重损毁，也多次得到修复和改建。2005年被列入联合国教科文组织的世界遗产名录。

　　真舍不得从这个斜角的完美角度离开，拍照需要等待太阳露脸时，阳光照射的影子能为城堡增添倒影和层次。

　　城堡边上，来拍照的新人有好几对。我拍其中一对新人的时候，把他们拍高兴了，他们的亲友团热情地邀请我分享一杯他们庆祝的美酒。我问是什么酒，他们回答是伏特加，然后全部人一阵狂笑。我闻出了是香槟，一饮而尽，他们又让我分享巧克力，我则送上了有重庆形象的中国丝巾，把他们感动得不得了。

　　旅途中去分享别人的幸福，并带去自己的祝福，是非常愉快的事情。我的英语是很差劲的，但是我愿意开口和陌生人交流。团队里的其他队员多次说很羡慕我能融入当地人，他们也很想和陌生人说话，就是不好意思。要和路上遇到的其他人说话，才能感受到和旅行团旅游更大的不同。

沿着城堡走了半圈，又看到了漂亮的湖水，也许是河水，两岸绿林葱郁，看到有一条斜坡的道路可以走进城堡。

城堡是围合的，里面是一个广场，建筑在四周，这才感受到这座城堡真的是很

参加婚礼仪式的各路帅哥美女

大，不知什么样的豪门显贵才需要这么大一座城堡来居住。

城堡广场上有一座井，周围四个桶，桶里面全部装着白俄罗斯的钞票，这是怎样的一种风俗呢？

城堡的气场，很难用言语描述，依稀能感受到名门望族在这里面的步履和日子。

走出城堡内部，走过一条林荫道，看到有画师在湖边写生。她面前的城堡和城堡倒影，加上她自己，就是一幅完美的画。

换个角度看城堡

女画师在画城堡

自选晚餐

从城堡出来，前往布列斯特的路是不需要走回头路的，路边的风光非常开阔和漂亮，犁过的田地，田地中成片的草垛子，还有密林，都很壮观。

有一块田地中立着一头牛的像，据说这旁边有欧洲最大的森林，还有野牛出没。

回到明斯克到布列斯特的主路，也就是M1上，一场雨刚过，两边村庄出现了平流雾的奇景，雾气在地面上很低地铺了一层，就像是田地在蒸发一样，宛若仙境。

自选晚餐吃到撑

走过仙境，布列斯特就近了。算了一下，从明斯克出发，在城堡游览一个半小时，路上又多花了大半个小时，到布列斯特一共是7个小时，明斯克到布列斯特350公里实际上没用到5小时。今天的路整体上都是很好走的，双向四车道基本能保证，一些加油站有厕所。

晚餐是在布列斯特城边的KOPOHA购物中心里面吃的，推荐。这里面有一家自选餐厅，就像宜家店里面的餐厅那样，能自己选自己喜欢吃的，自选出口统一结账，主食配菜甜品什么都有，我们都不由自主地选多了，吃到撑。

吃完后解了一下超市的物价，菠萝一公斤大约10元，鸡肉沙拉一公斤43元，中瓶装可口可乐一瓶4元，和国内差不多。

晚餐后的酒店，推荐。这是我们这一路上最好的一家酒店，位置不好找，但环境非常好，没在路边，建筑本身就有点像座小城堡，此行唯一的四星级酒店，Hermitage Hotel。

要塞入口

纪念日的要塞

布列斯特，又一个只会被与战争联系起来的地域名称，我们知道的后缀只有"要塞"。

已经有《兵临城下之决战要塞》这部真实残酷的电影演过这个地方了，二战中的苏德之战就是从这个要塞打响的在战争初期节节败退的苏联，只有在这个要塞上，才算得上是一个胜利——并非击退了德军，而是在一定程度上牵制了德军，成为了德军战线推进中的一根肉刺，这是《兵临城下之决战要塞》中没有体现出来的。

就此而言，布列斯特一个要塞的作用，已经不亚于1200亿卢布打造的斯大林防线了。

上午我们的工作，是了解布列斯特换轨——苏联境内的火车，需要在这里把宽轨变成标准轨，然后驶往西方的欧洲腹地。

显然，布列斯特是苏联和西方交界的桥头堡。早在20

DAY 33
9月1日
布列斯特

世纪初，沙俄就在布列斯特旧城位置建造了要塞。1917年12月，俄国和德国进行谈判，签定了《布列斯特和约》，红色俄国退出了"一战"。1919年的波苏战争中，波兰占领了布列斯特。1920年苏俄进攻波兰，8月夺回了该要塞，同月波兰军队打败了苏俄，又重新占领布列斯特。

1939年9月1日，德国侵略波兰，苏军根据《苏德互不侵犯条约》的秘密条款，苏军与德军在布列斯特会师，占领该要塞的德军撤退，双方士兵在这里开了欢庆会，布

新人来纪念碑前拍照是一种习俗

要塞遗迹和背后的纪念碑

走进要塞的孩子

列斯特要塞又成为苏联领土，德国和苏联在这里以布格河为边界。

欢庆过的朋友，两年后成了对手。1941年6月22日凌晨，一列从德国驶来的列车在布列斯特换轨，按常规把物资运往苏联，可这批"物资"是荷枪实弹的士兵，苏德战争就在这"一切正常"的氛围下爆发了，苏联以此作为"卫国战争"的起始。

德军首先做的，就是渡河拿下这个要塞。

2013年9月1日，在"二战"爆发74周年的纪念日，我们来到了布列斯特要塞，去追忆那段历史。

要塞离酒店就5分钟车程，很好找。此时天正下着雨，我们来到要塞入口的时候，正遇到纪念"二战"爆发74周年的青年们散场离开，他们的脸上并未写着沉重。

要塞的大门是白俄罗斯一个很有创意且成功的设计，由镂空五角星层叠而成，厚重但又不失灵活。白俄罗斯面值50元的钞票上就印着这个大门的图案。

拍他们散场的时候，我不小心把手机掉地上了都不知道，直到有位女生和我搭了

1. 墙上的鲜花
2. 跑过要塞的孩子

半天话，最后拿出手机给我的时候，都没明白手机是怎么掉的。女生转身就走，白俄罗斯美女真是活雷锋啊！

从五角星下面穿过，能看到当年堡垒的遗址是和这大门融为一体的。红砖堡垒上刻着守卫这里的最后时间，那以日子标注的地方，每一天的战斗都让守卫官兵度日如年，电影《兵临城下之决战要塞》演的也是如此真实而残酷。

要塞大门里面，是一个广场，前面主建筑物刺刀状方尖碑高达100米，有两座匍匐的战士雕像，他们与砖石已经融为一体，就像当年守护要塞时一样。

这座要塞纪念广场是在当年工兵营的基础上建的，留存着当年的红砖地堡，都是些断壁残垣。地下壕沟都铺了砖墙，被加固后，地面铺上了水泥，人可以钻进去体验，地上建筑也是红砖墙的。纪念展馆里面全部翻修了，但外面还是留着红砖的断壁残垣，让人想见当年战事的惨烈。

当年的战事也确实惨烈。1939年6月22日凌晨，德军发动忽然进攻，精锐45步兵师在强大炮火支援下，4分钟渡过了布格河，将布列斯特中心要塞和外面的三个要塞完全隔开，然后开始对各个要塞进行猛攻。

苏军在这四个要塞中的守备力量是很强大的，有4000多人，初期能反坦克，有大炮。德军打得也很艰难，22日当天死亡300多人，死伤人数和其他战区相比，已经相当大了。

德军22日已经绕过布列斯特要塞，全面突击苏联境内，苏联对此准备不足，和布列斯特要塞完全失去联系，要塞只能孤军奋战，守护这个和当时的德国边境只有1俄里的地方。

1俄里，需要多久才能攻下？在德军长驱直入苏联境内的背景下，布列斯特要塞的守备人员守到6月30日，临时指挥官和政委双双被俘，中央要塞被占，而剩下的少量苏军在一位少校的带领下，和德军战斗到7月23日，少校被俘后，7月底还有零星的枪声传来。

苏联以2500人战死，1500人被俘的代价，换来了德军大量兵力无法投放到明斯克等战役上去的战略胜利。德军阵亡462人，1000多人受伤，这个数量是德军6月份和苏联作战中阵亡人数的二十分之一。

布列斯特要塞之战，就是苏联卫国战争的开始。

广场后面有一座教堂，这是当年布列斯特要塞的指挥部所在；广场右边是布列斯特要塞纪念馆，里面有当年战斗用过的武器陈列，还有很多亲情的东西。比如妈妈收到的阵亡儿子的纪念章，当时的军服等，还有一面苏联的国旗。那面国旗是当年守卫将士埋在土里面的，德军未能在地堡里面缴获苏联国旗。

布列斯特要塞纪念馆里打得炸裂的机枪，让人充分感受到战事惨烈。当年德军首先炸毁的就是要塞的供水系统，没有水，马克西姆机枪就会发烫，无法持续作战，人也会渴死。

走出纪念馆，在广场上的烈士纪念碑前，有白俄罗斯的新人在拍婚纱照。不管俄罗斯还是白俄罗斯，在纪念碑前拍婚纱照，都是他们的一种传统，也是对历史的一种尊重吧。

走出布列斯特要塞，布格河上，一座彩虹形的大桥正在进行最后施工。

火车头博物馆的车头

火车头的世界

离开布列斯特要塞,回到酒店,看看时间尚早,就在二选一中做了个选择:一是去看酒店旁的一场足球赛,二是去看火车头博物馆。我选了后者。

这座博物馆在网上很难搜到,位置其实就在布列斯特要塞门入口外500米路,守门的是一位一看就像蒸汽火车加煤工的白俄罗斯老汉,听说我们远道而来,已经关门的展馆又给我们开门了,这个展馆是要收门票的。

博物馆就是在三段铁轨上,把各个年代的火车头进行头尾相连的排列,每个火车头上都基本写有这个火车头的年代,具体型号只有"铁丝"们才弄得懂了,我们就是看个闹热,这么多的火车头也确实让人觉得相当震撼了。

里面最老的火车头还是蒸汽机车,我上到火车头里面去,看到里面有煤仓和蒸汽压力表，好老的古董火车，这可是第一次看到蒸汽机车的内部真容啊！

花花绿绿的火车头，很多都能上去感受一下。有个火车头上还有一只钟在走，走得挺准时的！

如果懂的话，在这里应该能把老火车头的历史搞个透彻了。

这里还陈列了火车炮，可能是用于防御的，还有《让子弹飞》里面那种豪华包厢，最神奇是《米老鼠与唐老鸭》里面那种用脚踩来前进的车架，那东西居然真的存在啊！

在这个博物馆，我们都觉得收获很大。博物馆里野猫已经成群结队，看来平时光顾的人不多，真心佩服白俄罗斯人能建这样的博物馆，要是中国在哪里能建个这种博物馆，那些退役的火车头就有个归属了。

午餐我们是在酒店吃的，很精致但价格较贵；晚餐我们还是选了昨天那家自选餐厅，又吃得很撑，自选餐厅真的很难控制自己不去吃饭后甜点啊！

1.蒸汽机车，很有历史感
2.米老鼠唐老鸭，想起来这个段落了吗？
3.贵宾包厢
4.这里是火车头的世界

开车去柏林 **231**

DRIVING TO BERLIN

酒店门口拍照的一家人，看到我拍他们，开始摆造型扮鬼脸

波兰篇

一路上看到华沙在波兰语中的拼写方式,总觉得翻译为"华沙"是很奇怪的,其实这里的波兰语发音是"华尔沙娃",是一对冲破阻挠来这里垦荒者夫妻的名字相加,他俩有一段不屈而浪漫的爱情故事。

布列斯特到华沙 ● 华沙 华沙到波兹南 ● 波兹南到柏

1. 波兰入境海关办理岗前，不要走错了车道
2. 过关前最后加一次便宜油
3. 白俄罗斯海关办理岗

昂贵的油价，更好的路

DAY 34
9月2日
布列斯特到华沙

最近好几天都在说战争往事，是因为这几百公里的纵深，是苏联和其他欧洲国家的交界处，遇到战事，这一片区首当其冲。

今天，我们就要离开哈白俄了，也就是离开苏联的土地了，前往波兰。

E30就是去往华沙

    出发前，我们请的走过哈、白、俄三国的向导坤哥提醒，波兰和俄罗斯、白俄罗斯的关系不怎么样，过关时要留意一些，不要过多拍照，要客气一些，他就不能陪我们去波兰了。

    这一路上，向导坤哥起了很大作用，虽然我们在这三个国家的大城市基本都找了当地向导，而且哈、白、俄三国在语言上还是有不少区别的，但坤哥在日常生活方面还是应付得过来的，特别是过海关这样的事情，有坤哥我们少了很多语言不通的麻烦。

想想坤哥的提醒是很有道理的。"卡廷惨案"之后几十年苏联拒不承认，让波兰人对俄罗斯人愤恨了大半个世纪；而布列斯特，1919年还是波兰的领土，布列斯特建起的要塞，波兰人一度认为是苏联在自己国家建防线抗击德国，以避免战火首先烧着自己，现在布列斯特依然是白俄罗斯和波兰的交界之处，波兰在"二战"中一度也被苏联占领了东面国土，这些历史可够纠结的。

从布列斯特我们所住的酒店到边境线，车程不到半个小时，路也顺畅。有一个重要的提醒，就是在布列斯特应该把油箱加满，因为在这里的92号油价还是每升5.3元人民币左右，到了波兰，95号油价会飙升到每升11元左右，98号油价12元左右，那就是翻番了，比国内都贵得多啊！

加满油，来到边境线，出白俄罗斯海关的时候，可以在这里把钱换成波兰货币兹罗提。1400多元兑换1元人民币的货币，顿时变成了0.5元兑换1人民币的货币，"高富帅"一秒变"矮矬穷"，我总觉得钱比人民币值钱的国家，会比中国人富裕。

换钱之后，应该购买波兰的车辆保险，虽然波兰不会有人查你的保险，但是车要是撞了别人的法拉利，你没有波兰的保险，那就要命了。

出白俄罗斯境，先排队，然后通过1-12号办理岗亭中的一个。你要出示你的行驶证、护照以及在哈萨克入境时候的车辆盖章证明，当然还有你的驾照公证。

然后就是进入波兰海关了，这里没有边检，只有海关。你需要出示的东西包括护照、波兰驾照公证、行驶证及公证书等。

需要提醒的是，过境车辆是有区别对待的。欧盟区的车辆可以从一圈黄星星的欧盟区标志的车道下通过，非欧盟区车辆就不能这么走了，这可能就是坤哥提醒的"不友好"吧。

另外，在这一区域，有一个特殊的路标，是一个类似于"凸"字的符号，据说这是提醒不能超速和冲关，如果不准通行，地面会冒起一排尖刺，不小心的话轮胎就会尽毁！

排队的时间是比较漫长的，从白俄罗斯到波兰，过关整个时间大约是3个小时。

我建议你在白俄罗斯境内先上个厕所，因为波兰和白俄罗斯交界的厕所需要2.5兹罗提，也就是5元人民币一次，这完全是趁火打劫！

我们就等得上了一次厕所，波兰海关有会说英语的官员，麻烦相对小点。

3个小时办完所有手续，其实比我们想象中的时间要短，可能是坤哥把我们吓着了，过完边境，我们都还疑惑是不是把程序走完了。

直到看到很多人在边境线附近摆地摊，还有一个小餐馆，我们才放心了。赶紧吃午饭吧，已经两点钟了，那些摆地摊的总感觉是在打擦边球，要不为何在边境线上来摆呢？

31个人的团队，再次考验了餐馆接待能力，结果我们有的人吃的自带方便面。

上路，波兰，我们来了！

从边境到波兰首都华沙，就只有250公里的路，欧洲国家没几个大的，波兰已经不小了。

进入波兰到华沙这条路，路标明显比哈、白、俄三国都多，进入村镇和离开村镇的标志很密集地出现。进入村镇需要减速，离开时可提速，要注意很多人行横道线，横道线附近有护栏，有人作势通过就要让行，还有很多两车道合一车道的标志。

到华沙，沿着E30标志开就行了，波兰语比俄语在路标上要好辨认，至少是接近英语的拼写方式了，不再是俄语那样连字母都不知道怎么发音。

从这些路标的密集程度，可以看出波兰的道路管理比此前三个国家强，而且路况也非常好，边境到华沙也是不收费的。

路边开始出现了英国BP石油的加油站，这在哈、白、俄三国是看不到的。有BP石油加油站的地方几乎就有麦当劳，我们就选了一个麦当劳吃饭，价格和国内相比是一致的，人还不少。油自然是不要加的了，太贵，还有大半箱油。

一路上天气越来越糟糕，快到华沙的时候，雨已经开始下起来，忽然就驶上高速路了，真正的有护栏的高速路，还不收钱，真是福利！

快到华沙的时候，发现路旁有很多的隔音屏，造型不一，有纯玻璃的，有金属

的，还有木质的，带玻璃的在玻璃上就会贴一张飞翔的鸟，提示这是玻璃。如此密集的隔音屏，是因为快要到首都了么？其实不是，一路到波兹南都这样，波兰的高速路的隔音屏之密集，是我在其他国家未见的，远比高速路的始祖德国密集。

这两个多小时的行驶，我们已经感觉到是真正进入欧洲了。

提醒，开大灯的习惯还得继续，这里绝大多数车还是白天开着大灯行驶的。

进入华沙市区，沿途都能见到一些很有味道的建筑，透出古典的气息，还看到了戴高乐的像。法国的戴高乐站在波兰一边参加过1920年的波苏战争，波兰人记着他的。

一路上看到的车也有很大区别了，看到了阿尔法罗密欧，很有设计感的车，倒三角形的前脸让在哪里挂牌照成为问题，还有菲亚特开始变多了。

来到了华沙的市中心，意外看到了一个"ICBC"的标志，那不是工商银行么？市中心很大一栋楼，真有钱！

华沙的地标，科学文化宫，出现在

两位女子走过科学文化宫，当天降雨降温

了右边，这栋建筑真是眼熟！典型的斯大林式建筑，除了下面有一个圆形的剧场外，整个上部和莫斯科的7座斯大林式建筑几乎是一模一样，这座标志性建筑在波兰褒贬不一，很多人认为它破坏了波兰的文化气息，和周围环境极不协调。

我们把车停在科学文化宫外面的露天停车场，这里停车是无人管理的，走的时候在出门的闸口去刷卡交钱，然后才能出去。

车停好了，雨大，大家都对拍这栋建筑没兴趣，急着前往对面的购物中心去吃饭。

这座购物中心在华沙是首屈一指的，造型富有现代气息，左边是著名的华沙火车站。走进购物中心，有很多专卖店，里面的Samsonite箱子打折款比波兰的奥特莱斯都便宜，顶楼的电器专卖店价格也很便宜，千万不要错过好机会！

购物中心里面也有一些琥珀店，款式比较新潮，我自己是买了一家装饰品店的石头手链，那些天然的石头看上去很神奇。同车两位小伙伴买了飞利浦新款三面剃须刀，算下来900多元人民币，比国内省了700元以上。

购物中心里面肯德基都有了，这在哈白俄好像没看到过。里面有一座滑冰场，有一位高手在滑冰，觉得简直像在看比赛。

购物中心的价格总体上看是不贵的，后来我打算回这里买东西，已经没机会了。

出了购物中心，雨成了暴雨，气温也降得必须穿冲锋衣加抓绒了，这么大的雨，室外缴停车费可真是费力，这些钱你得在过边境的时候就换好。

在购物中心旁边就有卖电话网络卡的，波兰是比较自由的国家了，Tmobile的卡，即插即用，不用输入任何东西，价钱也很便宜，真是一下子觉得自己解放了啊！

驶出停车场，前往市郊的酒店，路过波兰国家体育场，这是举办过2012年欧洲杯的球场，夜景模式下，外观看上去很有现代气息，非常漂亮，但总让我想起克罗地亚队服。

提醒一下，波兰一入，和北京时间就是6小时的时差了。

DAY 35
9月3日
华沙

复原的华沙

一路上看到华沙在波兰语中的拼写方式，总觉得翻译为"华沙"是很奇怪的，因为这个城市的单词很长，类似于"华沙瓦"之类的。后来查了一下，这里的波兰语发音是"华尔沙娃"，是一对冲破阻挠来这里垦荒者夫妻的名字相加，他俩有一段不屈而浪漫的爱情故事。

不屈与浪漫，贯穿在波兰的历史中，这个国家曾在历史上有过100多年被占领消灭的断层。"二战"初期被德国和苏联瓜分，差点又灭国，1944年夏秋的华沙起义，被纳粹德国用最后的力气绞杀，波兰希望不借助苏联的力量复国的愿望落空，纳粹德国用63天的狂轰乱炸让华沙85%的建筑毁坏，血流成河。

华沙1945年1月被苏联红军解放，波兰人的反抗消耗了德国人东线战场的气数，苏联人也才有时间在维斯瓦河边用半年时间积蓄力量，一举拿下华沙，剑指几百公里外的柏林。

古城广场，右为皇宫

华沙人的浪漫，在于他们虽无法抗击德国的入侵，但在敌人到来前，华沙大学的师生对华沙的建筑和街区进行了测绘，然后把图纸藏在山洞中，以期有一天华沙被毁后，还能有机会复原。

我能想见师生测绘时的那种心情和责任感。

战后，解放了华沙的苏联，想要建立一座全新的，有苏联味道的华沙。但除了饱受争议的科学文化宫——一座苏联援建的37层高的斯大林式建筑，华沙没有采用任何的苏式风格，当华沙大学师生把战前测绘的图纸拿出来的时候，浪漫而不屈的华沙市民迫使华沙政府按图复原了华沙古城。30万流亡国外的波

1.古城城堡
2.古城美人鱼小广场一角
3.古城邮筒，我多想寄一封信

兰人闻声回国，参与古城复原，这才有今天的华沙古城。1980年，这座复原重建的建筑被联合国教科文组织列入了世界遗产名录，复原的建筑能成为"遗产"，这也是个特例。

今天我们主要去的就是华沙古城。

去古城，可以导航Plac Zamkowy，即札姆克约广场。

来到华沙古城的时候，那种愈久弥新的感觉扑面而至，让我很想知道那些巷子里面，在这么多年的岁月中究竟发生了什么。

华沙古城建于13世纪末，改建于17世纪，主要建筑风格是哥特式。古城以札姆克约广场为界。这座广场左前方可以看到红砖的断壁残垣，右前方是波兰的王宫，正中间是一座手持十字架的雕像，是为了纪念把波兰首都迁到华沙的Sigismund三世。

"二战"被毁的王宫于1971年复建，看上去色彩高贵但建筑本身并不华丽，是我所见最朴素的王宫。重建的王宫现在是一座博物馆，里面是皇室藏品。

随便找了一条巷子穿进去，这些巷

子和两边四五层高的楼房建于60年前。建筑与建筑之间若没有巷子，就是完全贴身挨着，感觉就像是一家人和另一家人一样。虽然紧挨着，但从建筑的颜色和楼顶的风格可以轻易看出不同。每栋房屋的窗户是相似的"目"字形，在蓝天白云下反射着蓝光，又显示出了建筑的统一性。

这些建筑的颜色虽不同，但给人的感觉是都加了油画颜料一样，带着点粉色的味道，透露着淡淡的浪漫，巷子里有很多卖冰淇淋的店，门口立着五彩的冰淇淋标志，要不是拍照换镜头不得闲，同时又要去逛琥珀店，就买一个抓在手里吃了。

古城里面的琥珀店有好几家，大使馆也推荐来这里。不过这里的琥珀很像是在打批发，设计感不足，价格在当地是绝对不便宜的，只能说是比中国便宜很多。而且感觉很多旅行团都被带到这里来买，顿时有"购物团"的感觉了，团队其他人买了不少，我则兴趣不大。

世界上的琥珀和蜜蜡，最好的产地就是波兰。波兰琥珀整体上比较便宜，不过在近年来中国炒家的合力下，波兰琥珀的价格也在飙升，已经有点小贵了。

没在琥珀店购物，出来再逛逛。古城每座建筑物的外貌都保持了原来的建筑风格，内部结构和设施则是按照现代化建筑技术进行改建的。我们从莫斯科开始的"遇到景点就在修"的宿命在继续，古城核心区的一个广场地面在全面翻修，连著名的手持宝剑的美人鱼像都被圈进维修隔离带了。没办法，在这里喝一杯咖啡，看路人走过了，只能到边上的小店逛逛，买了一些明信片，再看看摆满花草的漂亮阳台。

往前走，古城的城堡城门洞出现在面前，还有一段长长的城墙，全部都是红砖建筑，墙头还不忘做一些曲奇状的装饰，城堡的箭垛子让人想见当年战火，墙上石碑上的"1656—1956"就没搞懂是什么意思了，我猜是把古城复建完工的时间，算成城堡的300年建设史了。

城堡墙下，有手工艺人安静地刻着木雕，也有小朋友穿过城门开心地和我打着招呼。这些城墙和古城的建筑风格区别很大，但整体上感觉很协调，似乎在今天，这座古城还被城墙和城堡保护着。

居里夫人的故居就在附近100米远，这位波兰女人一生既得过诺贝尔化学奖，又得过诺贝尔物理奖，神一样的存在，时间所囿，她的故居我就过而未入了。

城堡外的建筑并不比城堡内逊色，也很有看头。一座白色教堂所在的步行大道，正对着城堡门，可以继续走走，旁边有很多小店，有的建筑墙面都斑驳了，却正符合这古旧的气质。一个贴满广告的邮筒立在街边，我好想寄一封信走。

沿着古城的城墙，就能走回起点的札姆克约广场。在这里可以远眺2012年欧洲杯的足球场，然后从广场旁的圣安妮大教堂，前往王室大道而去，这条大道也是很值得一看的。

导游带着大家买琥珀去了，所以在王室大道（Szlak Krolewski）上，有的造型很有意思的建筑我却不知道是什么建筑。清楚明了的是波兰总统府，Radziwil Palace宫，只能外观一下。一位顽童径直走进隔离栏，把两位守卫的大兵逗乐了，赶紧请小朋友出来。

王室大道上很多建筑都很有味道，

闯入总统府禁区的小孩被请了出来

老车与老建筑　　　　　　　　　　　　　　科学文化宫全景

只是很多都不能进去。而可以进去的圣十字教堂，里面有根柱子里面放着肖邦的心脏，我对此觉得有点恐惧，果断放弃了。国家博物馆则是没有时间去了。犹太人纪念馆本觉得很有意思，其外观被列为全球三十大有设计感的建筑之一，不在这条道上，也没去。

犹太人当年并不只是被纳粹德国屠杀，在周边几个国家，都面临杀戮，华沙的犹太公墓有埋着十万犹太人，是欧洲最大的犹太人公墓。波兰当年对犹太人相对宽容，不过"二战"时波兰最先被德国闪电战击败，在波兰的犹太人的命运就悲惨了。

老城和周边是可以慢慢逛的，那些雕梁画栋的建筑，透露着古典的气息，让人看见波兰的历史，再回过头来看科学文化宫，在更长的历史长河中，这座建筑确实和华沙整体风格不搭调，华沙毕竟不是莫斯科。

半天时间耗尽，然后我们去了肖邦公园，去享受片刻的宁静。

1. 肖邦公园月季花丛中的恋人
2. 肖邦像

肖邦在波兰的地位非常高，不仅在王室大街圣十字教堂有他的心脏安葬，其旁不远还有肖邦纪念馆。我们去的肖邦公园是华沙城内一个很大的公园，树木高耸，公园门口就是著名的《华沙条约》签署地。

肖邦公园是波兰末代国王的别院，是华沙最漂亮的公园，里面不仅树木幽深，还有一些古典的英式建筑，在这里，可以完全逃离喧闹，仿佛置身自然森林。

进入公园之后，路遇一只大尾巴松鼠。松鼠这样胆小的动物，面对我们一群人，居然不闪躲，还在离我最近一米的地方觅食地上的板栗，真是让人惊叹这里人与动物的和谐相处。

肖邦公园里面自然是有肖邦像的，

这尊青铜雕像立在一个水池前面，背后是绿树环绕，前面的几排凳子，似乎是让游客准备听他弹奏。

肖邦的像并不是那种奋笔书写或者弹奏的样子，而是很飘逸地斜躺着，造型宛若古希腊神话中的人物，但目光有忧伤透出。肖邦年幼时，波兰这个国家都被瓜分而不存在了，他长年流亡在外，不到40岁就已离世，但留下了大量传世之作。

肖邦像的两侧是月季花的世界，一对恋人依偎在花丛中呢喃，阳光打在他们脸上。

华沙还有不少值得去的地方，时间所限，另外我们要去一趟奥特莱斯，买箱子什么的。我们出发的时候没有带箱子，用软包以更合理利用后备厢空间，随着路上对一些物品的消耗，现在可以买箱子了。

华沙的奥特莱斯是很值得去的，里面虽然没有一线大牌，但爱步鞋、新秀丽的箱子、BOSS的服装等，价格比德国等的奥特莱斯便宜，波兰的总体消费在欧洲算便宜的。

一列电车驶过华沙街头

同一类型的隔音屏，花纹也不同，避免疲劳驾驶

没油了

今天要去两个地方，一个是乐兹，一个是波兹南。

两个地方都作过波兰的首都，乐兹现在是波兰第二大城市，波兹南的老城和华沙古城一样，令人神往。

总行程330公里左右，而且还是高速路，路况非常好。不过由于在乐兹有采访，当晚要抵达波兹南，所以在乐兹只能是路过一下，无法停留。

从华沙出发，和昨天一样的好天气伴随，唯一不好的就是只有蓝天没有白云了，这个说法是不是有点吹毛求疵？

上路之后，发现华沙往西边方向的高速路修得确实漂亮，特别是两边的隔音屏，感觉是稍微有点可能影响到旁边，就会建隔音屏。而且隔音屏的样式不断变换，让人在视觉上不会因为两侧无变化而疲劳，波兰在噪声防护方面确实做得能叫完美了。

蓝天下爽快地开了一个半小时，高速路不收费，但已经在修建收费站了。

DAY 36
9月4日
华沙到波兹南

很快，我们就遇到了一个大问题：没有收费站的高速路，也没有加油站。这段高速路才刚刚通车，现在不收费只是因为两边的服务设施还未完全到位。

其中一辆车坚持不住了，这辆车在白俄罗斯边境油没有加够，进入波兰跑了300多公里就没油了。

副团长问哪些车油还剩得多，为了体现雷锋精神，我们大着胆子说，还能跑230公里！

我们就这样成了需要把油分给同伴的首选车，因为我们报的剩余油量最多。

分油第一步，拔掉保险

分油第二步，油不是从油箱盖分出来的，是这样出来的

分油第三步，大矿泉水瓶剪出一个漏斗

分油第四步，把油从矿泉水瓶漏斗倒入油箱

其实我们当时是开的个玩笑，我们没剩这么多油，只是为了表现本车驾驶技术十分了得才这么说的。哪知道副团长说，那就分一半的油给他这辆车吧！

我们尴尬地笑了，话都说了，分油吧！

分油给其他车，这是看上去简单实际上复杂的事情。跟车而行的技师小黄说，长安睿骋和很多中档以上的车一样，不能从油箱直接分油过去，而是需要——先把被分油车的油箱电路的保险取掉，然后把后座抬起来，把汽油滤清器取出来，然后把胶管从上面直插油箱，用嘴吸出油箱的油，利用虹吸原理流到更低位置的油桶中。

我们的油桶不是长嘴的，然后还要做一件事情：把一个大矿泉水瓶子拦腰剪断，不要剪破裂了，把水揩干，然后把瓶口倒插在油箱口，这样才能让汽油顺利倒入需要油的车。

做事熟练的小黄用了10分钟完成了整套动作，一般人做这个事情至少需要20分钟吧。如果你想直接从油箱口吸油出来是办不到的，因为现在轿车一般都有油箱防盗设计，这是为了避免偷油贼偷油。

分油体现了车队的价值，相互有个照应。油分好了，继续出发，前往乐兹。我们的油其实也只够前往了乐兹的一个偏僻的货场，差点也跑到断油。你现在去的话，估计高速路的加油站也建好了。

乐兹，我们只有路过的表面印象了，感觉也有一些老的教堂式建筑，还有设计颇有现代感的展馆。其实，这里有全球最长的一条商业街皮奥积高华斯卡街，还有全欧洲最大的城市公园Łagiewniki，还有波兰最好的一家美术馆Muzeum Sztuki on Więckowskiego Street，想想就应该是非常值得一逛的城市。

"二战"前，乐兹主要居住的是犹太人，战时他们遭到了非人对待，很多人死于"灭绝营"，包括被运往臭名昭著的奥斯维辛集中营。

波兰美女关注地拍着我们的车

无奈，只能车游乐兹了，继续回到高速路。

高速路这一段开始收费了，收费站还比较密集，每次收费几兹罗提到二十几兹罗提不等，算起来和我们在国内段的平均每公里价格差不到多少。

高速路边有很多的大型公司的基地，向导说，波兰的人力资源成本较低，因此很多国际大公司都来波兰设点搞生产，这也是波兰经济在欧债危机下比较坚挺的原因所在。

收费的高速路是不一样的，休息区不仅有厕所、不收费，还很有设计感。如果某一路段没有厕所，高速路上还会树立没有厕所的标志。我一直觉得厕所是判断文明的重要标志，有厕所解决了大问题。

乐兹印象

有休息区的地方，一般有自动咖啡售卖机，我们一个队友本想喝咖啡，但投币时按了最便宜的一个按钮，结果出来的是一杯矿泉水，把我们笑得不得了。

今天在路上因为有采访耽误，所以测算是时间是没有意义的，高速路平均每小时100公里是完全没有问题的。

小酌的人们

小酒馆之夜

到达波兹南，我们入住的酒店是Novotel。这家连锁酒店在华沙也有，客房数量一般较多，房间也比较规范。

酒店建在一家啤酒厂改造的购物中心旁，这座啤酒厂被改造得充满了现代气息，而且里面的商品颇有感觉，值得一逛。这里面一楼琥珀店的琥珀，设计感远远强于华沙古城，适合女士。

入住之后，前往一家中餐馆吃饭，饭馆味道很一般，但走向餐馆的路也是走往老城广场的路，我开始感觉到这座城市的味道非比一般，过去的建筑有时间的味道，而现代建筑的设计感非常强，整体上一点也不冲突。有轨电车穿行于街道之前，看上去像时空列车，感觉是在电影里面的世界。

吃了晚饭，天已黑，我们则各自分头行动，有回酒店的，有逛啤酒厂商场的，我则选择了往老城广场方向走走逛逛。

一路上的工艺品店和品牌店不少，很多小店都有卖琥珀。沿着一条又一条的小巷子，都能看到不同的夜色。圣斯坦尼斯洛斯教区教堂（kościół farny pw. Św. Stanisława）就坐落在一条窄窄的巷子里面，这是一座粉色外观的巴洛克式建筑的教堂，明天我会去到内部。

在巷子与巷子之间闲逛，夜色宁静，灯光虽不强，但也觉得挺温暖的。

走着走着，看到了一个广场，这就是老城的市政广场了。

市政广场的中间是市政厅，这座建筑哪里像市政厅，简直就是一座外观华美的宫殿。这种风格的建筑我在这一路上好像还从未见到过，是文艺复兴的风格，每层楼带着圆拱的走廊后面，又有怎样的故事呢？墙上的壁画，又代表着什么呢？

其实，这座市政厅里面还有很多壁画，外面的壁画只是一种展现而已，这里已经是波兹南博物馆，是波兰国家博物馆的一部分。

市政厅被白色的灯光打着，显得很华丽，而周边建筑的灯光就使用得相对暗一些，这样既突出了市政厅，又让周围建筑有了一丝神秘。特别是那些烛光跳跃的小酒店，室外的座位，在伞的遮蔽下，尤其需要轻柔的灯光。

看到同伴已经坐到一家小酒吧聊天了，我也走了过去，来一杯啤酒。看到小酒馆外面的人来人往，听到邻桌的窃窃私语，半杯啤酒下去，只觉得这是这一路最美好的时光，忘了前面还有路和景色，只愿在这夜幕下多一会儿，再多一会儿。

在这里，啤酒不是拿来畅饮的，它只是让你打开话匣子的引子。这一路的旅程，能片刻融入当地的生活，那样的收获会远远大于走马观花。

一杯啤酒下去，微微发热，在这个略带寒意的初秋之夜，沿着另外一条巷子回酒店，心想明天白天，一定还要来看看。

DAY 37
9月5日
波兹南到柏林

极尽奢华的教堂

惊艳的教堂

一早起来，只为再去感受一下波兹南老城的味道。

其实波兹南老城和华沙古城一样，都是"二战"后重建的，能够在战火后复原过去的建筑，这是波兰人的一个奇迹，也是他们对文物保护甚至城市规划的远见。

波兹南老城和华沙古城，在风格上是相对一致的。但波兹南老城广场有一个无比漂亮的市政厅，加上恬静的氛围，再加上这座城市的现代建筑贯入奇思妙想后与老城的和谐，团队成员的共同感觉：这座城市比华沙漂亮，波兹南老城比华沙古城有味

道。

再次前往老城广场，换了条路而去，路上顺带看了下啤酒厂购物中心，一楼的珠宝店里面的琥珀真的是漂亮啊！ZARA HOME在这里也有店，东西偏贵。

通往古城的十字路口，有轨电车在穿行。这里的有轨电车有两种，一种是流线型的如高铁一般，一种样子复古，都挺有设计感的。

十字路口有一座有意思的雕塑，是一个中年男子推着一辆自行车。波兹南是波兰的第一个首都，很多东西都是在缓慢的记忆中积淀的，不会随时间流逝。

通往老城广场最大一条巷子的两边，各色店面已经开门，有专卖店，也有特色小商品店，感觉这里卖的东西不大像中国制造，店家经过精挑细选，很多都有中东欧的特色，若有时间可以好好淘一把。

来到老城广场，太阳时而露脸时而躲藏，建筑时而镀上光线，市政厅看上去真是华美无比，透出浪漫的文艺气息。

1.老城市政厅博物馆旁的四座神话雕塑之一
2.一位妇女推车经过一个自行车的雕塑

市政厅博物馆没足够时间看了，门外正在举行一场摄影展，照片很有内涵，免费的。游客看得仔细，孩子们则逗着地上的鸽子，有当地电视台的记者在这里拍着什么。

市政厅的四个角上有四座雕塑，代表着太阳神、战神、海神和冥王。一位乞讨者在市政厅前扮演冥王蒙头要钱，可真够有创意的，不知会不会吓着儿童。

这里的建筑色彩丰富，不过都不刺眼，彼此之间也比较协调。唯一觉得奇怪的，是每栋房子都比较瘦，有的瘦得都不大成比例了。导游说，这是因为这里以前是按照楼房底部临街的边长收税，大家为了避税，都把房子修成了长条型，有的窄得只容得下安一扇窗户，每栋楼与楼之间几乎是无缝连接的，中心区一圈寸土寸金的临街区域一点也没浪费。

1. 老城的雕塑
2. 极尽奢华的教堂
3. 教堂大门
4. 圣斯坦尼斯洛斯教区教堂全景

多精明的当地人啊！一条街上的建筑五花八门，因为地基太窄，房子都不敢修太高，各家的高度也是基本统一的。

在色彩里面穿行，感觉到温暖，几乎没有一家外墙颜色是一模一样的，屋顶也有区别，大家都挺有个性，但同一排房屋的总体风格是一致的，又像是有过商量。

有一间民间乐器城在老城里面，进去看了下，不少都是闻所未闻的乐器，有的连怎么演奏都看不出来，很神奇。

在老城里面反复转悠，又发了一会儿呆，就要到中午的吃饭时间了，饭馆还是昨

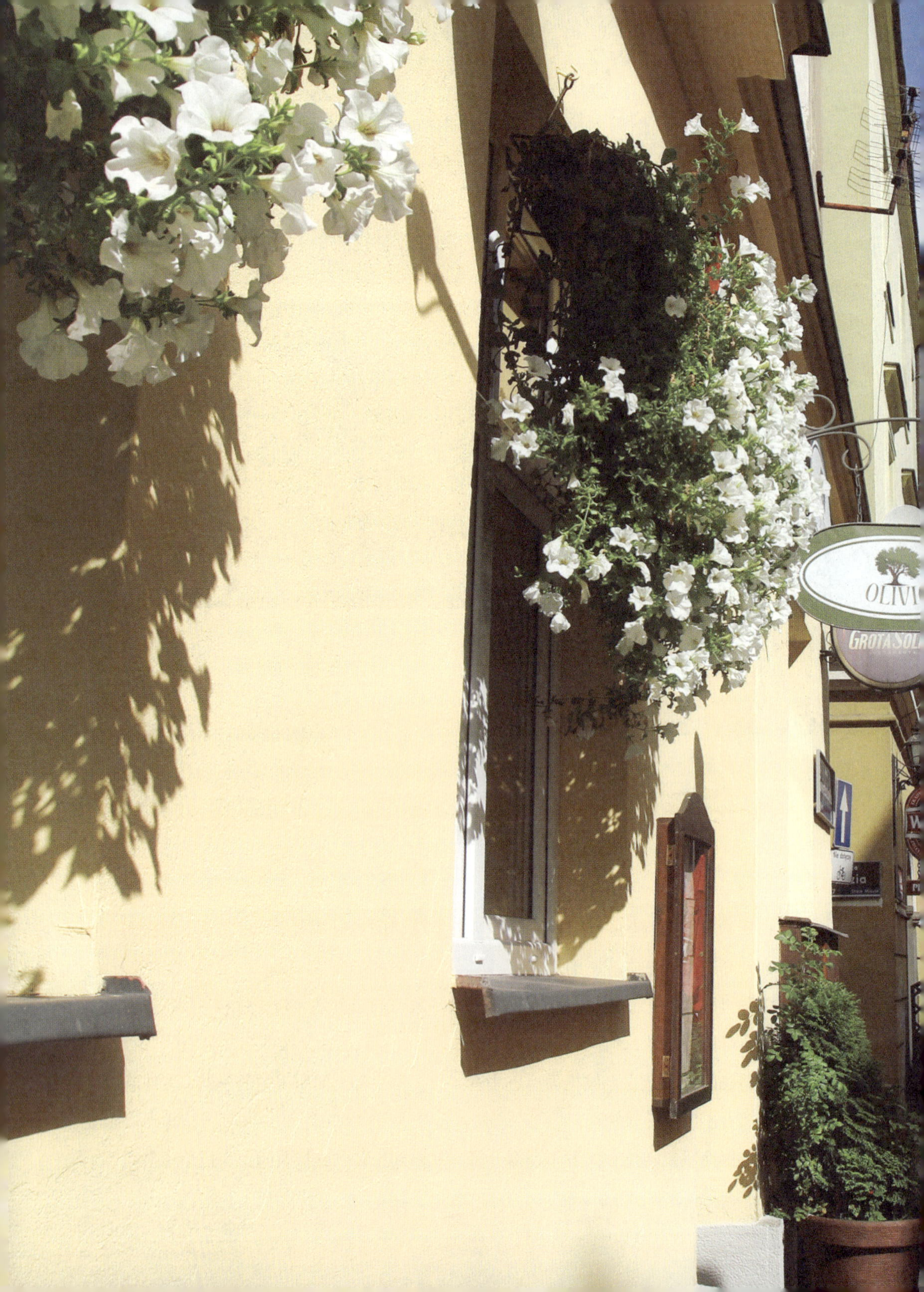

老城小巷

天那家中餐馆，离老城出口200米。

饭间，有队员给我看了几张照片，这些照片拍于圣斯坦尼斯洛斯教区教堂内部，华丽无与伦比，我顿时就震撼了，为啥我看到这座教堂后没有进去呢？因为大门有人守着，我以为不能进去。

匆匆吃了几口，趁别人还在吃饭，放下筷子飞奔教堂而去，我要亲眼看看这座巴洛克风格的教堂，不想在路上留下遗憾。

大门确实有位老太太守着，问她是否可以进去，老太太笑盈盈地示意我进去。这还是一个可以拍照的教堂，但是不要打闪光灯，里面很安静。

步入教堂，确实让人觉得震撼无比。这座16世纪开建的教堂修建了81年，17世纪修建的祭坛宏伟精致，枣红色的基调下，穹顶上的壁画美轮美奂，内部雕梁画栋，每一个可以装饰的地方都铺陈着华丽的装潢，很多地方泛着金光。

阳光从教堂外投射进来，让这里弥漫着神圣感，我一直不知道该用什么词汇去描述一座教堂的美。大家看图算了，没有什么辞藻比教堂本身更华丽了。

其实，在这里我们还差两座教堂没看，一座是波兹南大教堂，在老城东部的一座岛上，那里才是波兹南最老的地方，教堂本身也糅合了多种风格元素；另外还有圣方济教堂，那座教堂的尖顶在大街上都能看到。

在波兹南这样的地方，可能会留下很多遗憾，因为时间不够看。而且就算是有两天三天时间，也肯定会带着许多遗憾离开，因为可以看的实在太多了，而且，很多东西还需要静静感悟。

虽然我们是匆匆而过，但在这次开车去德国的旅程中，波兹南是我觉得最美的城市，没有之一。

老城市政厅博物馆及周边

找到一家货车维修店，前台女店员非常热心地为我们寻找配件

缸线烧掉了

缸线烧了

上路，离开波兰，去德国，柏林。

这条高速路在波兰叫A2，是波兰的第二条高速路。波兹南到德波边界这一段路况依然极好，路上的休息区更是有趣，设计了不少可以运动一下的健身玩具，包括跷跷板什么的。停车休息的时候坐一下这样的玩具，在笑声中轻松了很多，我们的队员都抢着坐跷跷板和弹簧独凳。

继续往前赶路，不知是开得太快，还是开的路程太远了，一直都不显示油耗的金杯车又出问题了，动力忽然减弱，发动机声音也不对了。

车停到一个加油站附近的货车摆场，技师小黄一检查，坏了，缸线烧了一根，如果不更换，这辆车取掉一根缸线跑的话，在德国境内那就跟不上车队了。

为了避免金杯车掉队，我们一直让它跑的2号车位，不敢让它跑尾车。

为了确保安全行驶到终点，立即决定：修车！

一路上，从俄罗斯开始，大一点的加油站的超市，就可能有车用易耗品售卖，看上去还挺齐全，这个加油站超市里面有这个配件吗？

加油站超市里面果然有很多汽车配件，保险啊什么的，这个做法我觉得国内可以借鉴。但，当我们拿出这根缸线的时候，售货员连连摇头，没有！

失望之时，他指着高速路对面的一家汽修厂说，可以去那里试试看。

那是一家货车的修车店，如果对方问我们是什么车，我们怎么回答？大家的一致意见是说"丰田"，金杯车和丰田车很像。

进入店里面，首先要解决的是语言问题。我们在波兹南之后就没有带翻译一起了，而缸线这些都是很专业的英语，如果对方不会英语，那就惨了。

结果前台的女士能说一口流利的英语！

语言通了就好办了，我们对她说明：自己从中国开车而来，找不到丰田修车厂了，请她找找这个东西，有没有替代品。

黄师傅的说法，一模一样的这个零件肯定是没有的，但是只要找到一根比它更长的缸线，就能解决这个问题。

前台女士一会儿回来了，回答"抱歉，没有"，进货的话需要明天早上了。

黄师傅急了，请英语不错的副团长继续问，有没有货车换下来的这个旧零件？

前台女士又转身而去了，5分钟后才回来，她手里拿了一根旧缸线。

"我们是从自己厂里面的车上下取来的，明天我们去进货找根新的。"她说。

她简直就是女神啊！新时代的活雷锋啊！我们千恩万谢，付钱，拿着这根缸线走了。她一直微笑着看着我们离开。

拿回金杯车上，一试，能用！

真是个好消息，大家悬着的心落地了。

其实，一路1万多公里跑过来，不只金杯车带伤，长安睿骋也带着伤。6号车的挡风玻璃裂纹因石子儿撞击不断扩大，这可是换不了的件，能否安全开到终点都要打问号，另外两辆车前挡风玻璃也带伤，底盘伤痕几辆车都有，这些隐患万一有哪一个变成严重的问题，这趟行程都将不知结果。

继续上路之后，我们都表示要开慢点了，要到最后一个国家了，不想出任何意外。

没有边境

快到德国和波兰边境了，心想这是需要做个留念的——

"二战"爆发，就是德国越过边境攻打波兰，闪电战，加上苏联进军东部波兰，波兰迅速被吞并。

"二战"后，战败的德国无法寻求国土保全。同盟国在确定德国国土线的时候，让波兰把国土整体西移200公里左右，这相当于是承认苏联在二战初期占领的部分波兰土地有效。波兰国土整体未减少，苏联和波兰同时西扩了，将来波兰需要借助苏联的力量压制德国"归还国土"的情绪。苏联和波兰在1921年波苏战争结束后长期存在的土地争议也可以化解，波兰不会再去要求把布列斯特作为

1. 直接通过的德波边界
2. 城边路旁一店，不知是不是园艺店

休息区的跷跷板让两个队友比起了吨位

自己国土了，可谓高招。

波兰和德国在"二战"后划定的界线是奥得河，德国一度认为是耻辱，但战败国没有发言权，德国人甚至一度认为波兹南是德国领土，当时大量德国人生活在奥得河以东，战后波兰和苏联同时西扩之后，奥得河东边的德国平民遭到了大量的驱逐和暴力袭击，德国人对波兰人和波兰人对德国人一样，都有一段恨。

今天，我们要经过的边境线，就在奥得河边，这个边境线究竟会怎样？

历史，谁也说不清楚会怎样演变，当我们车队行驶到德波边界时，眼前的景象让我们大吃一惊——

德国和波兰这两个曾经如此仇视的国家，之间没有任何的边界线！

真的没有吗？我们看到谷歌地图上明确显示这里是边境线，但这条线上，留了几个办事车道和一个雨棚，几间办公室，没什么工作人员。几乎没有车进入雨棚下办理业务，车辆基本上都是直接从未封闭车道开过去，连速度都不会减！

再次确认，是的，这是德波边界线，前面桥下就是奥得河，确实不需要办理任何手续，什么都不需要出示，直接就能过关了！

在此存照吧，两个消弭了历史恩怨的宿敌，就这样在欧盟这面大旗下，把边境线都取消了。21世纪了，发展经济比什么都重要。当然，德国在战后对于当年事的认罪态度，一向都是世界各国接受的，这也是能消除仇恨很重要的原因吧，这和日本不一样。

我们在德波边界拍照，边境线上雨棚下的几位办公人员把我们当怪物看，他们恐怕觉得，这有什么好照的！

进入欧盟区，过边境简直就是幸福啊！

从边境线启程，越过奥得河，进入德国境内，路标发生了变化，路本身的质量区别不大，一般是两车道加一个应急车道，接近柏林的地方有三车道。

路上看到了"130"的标志，这直接推翻了"德国高速路不限速"的说法，只是130这个限速在国内好像是没有看到过的。

关于德国高速路限速与否的问题，后面我会详细说，这里先说一下：德国高速路有的限速，有的不限速，有的州限速很多，有的州很少，这和这个州执政党是否保守有关，和路况本身也有一定关系。有限速标志的，那就是要限速的，如果超过这个速度出了事故，你负主要责任。

限速路段经过后，开始发现有在超车道上开飞车的了，时速200公里以上，不过对于在沿途就开过不少飞车的我们来说，速度还是可以接受的。

从边境线到柏林市区边缘，一个小时就到了，里程也只有100公里，这恐怕也是德国为啥对当年奥得河为界划分国境线的强烈不满所在了，柏林离波兰边境线太近了，完全不在德国的中心位置。

一路上看到了棕色的景区路牌，这个和我国是一样的。大城市的路标，按字母大致看得懂，比如柏林、法兰克福。

我们住的地方在宜家附近，比较偏，吃饭的地方也选得比较偏，所以多走了半个小时。城区道路堵车不严重，绿化也不错。

晚餐环境不错，喝了点德国黑啤，牛排则缺少滋味。主厨性格外向，上菜如跳舞一般，当我提出希望要一点酱汁的时候，他悄悄说，只有一人份。稍等，结果拿来的是少许奶油酱，哎，这西餐吃起来可真费力啊！

德国篇 🇩🇪

男人大多爱车，此生应该去一趟沃尔夫斯堡，去看看大众汽车城，那会让你觉得此前看到的所有4S店都是小儿科。

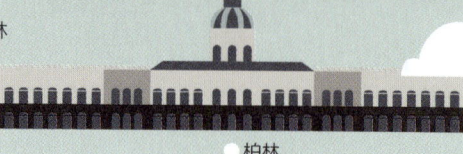

畅通柏林

关于波茨坦，我们只会和"公告"一词联系起来，这里是《波茨坦公告》的签署地，敦促"二战"中的日本无条件投降的最后通牒，就是在这里发布的。

今天上午，团队要去中国驻德国大使馆，拜访大使先生，在大使馆旁吃午饭，然后分开行动。一拨去波茨坦，了解当年的《波茨坦公告》中，究竟是怎样界定日本的领土的；另一拨去奔驰博物馆，了解奔驰的文化基因。二选一，我选择了前者。

早上开车出发，阳光已经洒下来，短袖刚好，离开酒店不久，就看到了黄色有轨电车。

柏林和这一路上的所有大城市一样，都有有轨电车，而且基本上都是占据了道路中间的车道开行。柏林的有轨电车看上去已经有点像是科幻片中的轨道交通工具了，通体明黄色，长长的，最长的有7节车厢。

在柏林开车，很快就有了一个感觉：这里比莫斯科，比北京，不知要畅通多少倍。

这个问题的答案，仅凭肉眼的观察，还不大好找到答案。柏林已经把有的道路的中间变成停车位了，很多道路也只有单向两车道，和很多国外城市一样基本不修破坏天际线的立交桥，车道边还有自行车道，道路两边很多建筑

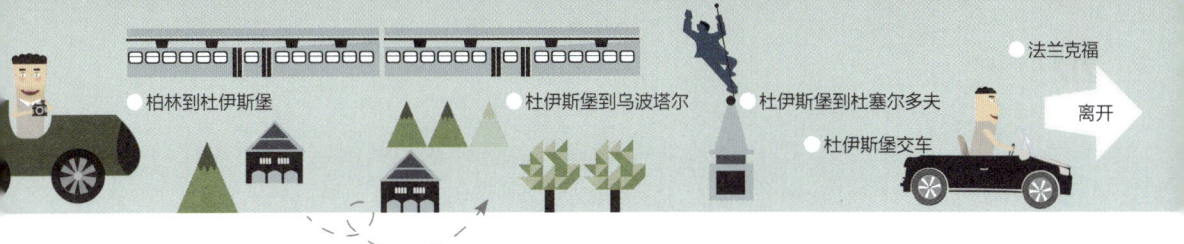

柏林到杜伊斯堡　　杜伊斯堡到乌波塔尔　　杜伊斯堡到杜塞尔多夫　　法兰克福

杜伊斯堡交车　　离开

看上去都无法拆迁，扩建车道几乎不可能，那柏林为何就不堵车呢？

不堵车一直让我感受深刻，仔细研究了一下，原因至少有以下因素：柏林的汽车保有量在欧洲大城市中几乎是最低的，当然，这个比例比北京高，千人车辆拥有量320辆。

柏林已经持续了几十年的人口下降，德国的经济中心文化中心早已不在柏林。以前规划的路网，在人口持续下降的背景下，没有变得不够用。而德国人的思维一向都

德国街头，道路中间和两侧都有露天停车场

是相当有前瞻性的，过去规划的路现在是够用的，不需要不断修路来应付人口的爆发式增长和车辆数量的增长。

另外，柏林的公共交通太发达了。一路上，我们看到了很多种不同的公共交通工具，比如像子弹头一样的ICE，这种列车驶过了中国驻德国大使馆的门前，时速较快，在大使馆前还有S-Bahn列车驶过，这些都是城市和城际交通的一部分。柏林有9条地铁线，170个车站，15条城铁线，166个车站，有轨电车系统有398个车站，每隔500米就可以找到一个地铁站或轻轨站，且都能与公交车对接，非常方便，再加上有自行车道，在这个汽车制造业最发达的国家的首都，很多人都放弃了开车出行。

还有非常重要的一点，德国人拿驾照难，开车习惯也极好，我们一路上没遇到争道抢行的车。德国人一丝不苟的性格，也让大家对交规的遵守如钟摆般准确，大家各行其道，绝不会见缝插针，路上完全见不到交通事故，有限的路网完全发挥了最大通行能力。开车的人守规矩，这也许才是确保柏林畅通的关键。

车队行进，我们在柏林的道路上导航也比较容易，忽然冒出一个岔道口的地方很少，分不清哪条路是哪条路的情况也没有出现。高耸的柏林电视塔也是一个非常重要的辨识标记，城区的几个方向往中心走，都是直奔塔尖而去。

在路上，我们还发现了一个有趣的现象：不管奔驰还是奥迪，车尾部往往没有任何标记，没有车的型号和排量。只知道是这个厂牌的车，不明就里，也许，在这个出租车都是奔驰的国度，有辆奔驰宝马奥迪，和我们有一辆长安比亚迪吉利一样，都是最平常的事情。下午去参观了奔驰最大店的队友，对于店里面奔驰车的价格，均表示在国内买辆奔驰车太贵了。

柏林停车基本上也是无人值守，我们用硬币试了下投币停车，一小时3欧元，然后取票，摆在汽车前挡风玻璃内显眼处，方便警察查看，这得需要多大的自觉性才能做到啊！

1. 停车的时候，自己先确定停放时间，付费，取纸片，放在车内显眼处
2. 一位骑自行车的人驶过街头，他的背后是城际列车
3. 柏林的S- Bahn
4. 轨道列车驶过街头

萨西琳霍夫宫，土木结构，朴实漂亮

漂亮的波茨坦

对于具有重要意义的波茨坦，用"漂亮"这个词，是不是避重就轻？

其实，凡是到过波茨坦的人，据说都会条件反射地说出波茨坦的漂亮，这是一个位于柏林边上的卫星城，也是一个花园城市。

前往《波茨坦公告》签署地，我们是带着任务去的，我们在寻找更直接地证明钓鱼岛是中国的证据。但扑面而来的美，让我们措手不及。

明媚阳光驱散了午后的困倦，开了接近一个小时的车，来到了签署地萨西琳霍夫宫（Schloss Cecilienhof）。这里是德国末代皇太子宫，1917年德皇威廉二世为他的儿子和儿媳建造的，以儿媳的名字萨西琳命名。

修建这座漂亮宫殿的国君，当时还不能预见自家王朝几年后就被推翻了，更无法预见一个叫希特勒的人会在22年后发起世界大战，让德国加上纳粹的前缀，德国战败后这个宫殿会见证这场战争走向结束，并划分出世界上众多国家的疆域新格局。

如果我们仅仅把宫殿当作一座宫殿，这里的气质确实是独一无二的——

这座大花园里面的宫殿，埋藏在一片高高的树林中，还有开阔的草坪。宫殿本身返璞归真地使用了半木质结构半黄土的墙面，看上去在古朴中又带有一些巴洛克风格。这种风格在我这一路上所见的建筑中，又是绝无仅有的。

暂时忘记了这是有历史意义的地方了，走进宫殿的内院，太阳斜斜地照进来，照

萨西琳霍夫宫内部，设计了一个船舱样的小会客厅

《波茨坦公告》就是在这里签署的

西米希馆长介绍萨西琳霍夫宫原为皇家园林

在里面的花圃和土木的墙壁上,温暖而恬静,空气清新中弥漫着植物的味道,让人要遥想一下皇家小苑中的安逸生活了。

当然,这样安逸的生活没过上两年就彻底结束了,具有永久居留权的皇族们,也害怕自己的国家被外国人打进来。

我们有幸请到了这座宫殿的副馆长西米希先生为我们做内部讲解。

西米希先生是我们事前请大使馆的官员联系好的,对我们挺热情。特别是听说我们是从中国开车过来的之后,这位搞历史研究的专家顿时对我们的车有了兴趣,表示自己讲解完了之后,一定要去看看我们究竟是开了辆什么车,能从中国开到德国。

虽然有德国副馆长带领,我们还是需要和普通观众一起排队,这就是德国人的规则意识。

现在的展馆内部,就是关于"二战"那段历史的纪念馆,我首先很佩服德国人的胸怀,当年在自己国家开的这个会,把德国划分了东德、西德的区域,让一个国家变成两个国家了,几十年,还失去了部分国土。但德国愿意把这段历史进行真实完整地记录存留,不带观点地进行还原,这种气度远胜于日本。

这个纪念馆就按当年召开波茨坦会议的分区来布置的,每位元首的休息室和工作室原封不动,"开会的这个地方,当时分为了三个区。"西米希副馆长指着一张平面图说,"英国、苏联和美国元首分别在三个区域休息和内部协商,然后在一个会议室开会,每天开完会到不同地方住,连续开了很多天的会,协商出了这份敦促日本投降的公告。"

西米希副馆长拿出了当年宣言的一份纸质件说,当年,开会尾声的签字,只有杜鲁门是真正签署的,他当时收到了"婴儿诞生了"的电报,获知原子弹试爆成功。丘吉尔因国内大选,最终签字时未在场,不过走之前确定了波茨坦宣言的内容无误。而蒋介石则是在电话里听译文后,通过特别授权的代表签署的。斯大林因当时苏联未对日宣战而未签字,不过苏联在美国向日本投放原子弹之后,也对日进行了宣战,相当于敦促日本遵守《波茨坦公告》,日本随即投降。

德国猪手佐啤酒，最正宗的德国晚餐

他的说法，推翻了"度娘"说的斯大林当年有签字之类云云。

"《波茨坦宣言》的第八条，'《开罗宣言》之条件必将实施，而日本之主权必将限于本州、北海道、九州、四国及战胜国所决定其他小岛之内'。"西米希介绍了《波茨坦宣言》关于日本领土界定的问题。

西米希特许了我在公告签署会议室二楼拍摄了会议现场，这里平常是不让人上去的。他说，这里每年有15%的游客是中国游客，他们都愿意来见证这一段历史，所以，馆里面特别准备了带中文的翻译耳机，让中国人能清楚地听见这段历史。

最后一件事情，就是西米希副馆长强烈要求的，看看我们究竟开了辆什么车来的德国。他不认识我们的车牌子，但不断表示惊奇。

我们送了他景泰蓝的小礼物，他说要送给妻子，我赶紧从包里面拿出了一把折扇送给他。"这个可以送给你自己，而不是你妻子！"我笑道。西米希笑得前仰后合，连声说我是好人。

真舍不得从这树木环抱的宫殿花园离开。

晚餐，是回到柏林市区吃的德国猪手佐德国啤酒，这可是绝对正宗的德国美食！猪手皮焦肉嫩，配以酸白菜爽口，味道还真是不错！

买了德国电话卡，回酒店。德国虽然在很多方面都很发达，但电话卡这事儿，可让我们伤了脑筋：貌似没有永久居留权就无法购买大运营商的网络电话卡，买到的卡是小运营商的；开卡之前得填上非常多的信息，包括酒店驻地和电话，通过五个步骤的验证之后，等待两个小时以上，重新开机，才有信号，而且信号非常糟糕。不知道是不是我们没有找到合理的运营商，反正是连当地的向导都拿这件事情没办法。

DAY 39
9月7日
柏林

1. 总统驾驶员从0-1号车上下来
2. 德国总统高克夫妇当时正出席柏林大教堂仪式活动

邂逅德国0-1

0-1，这个车牌在德国，是谁的座驾？

今天，我们在柏林大教堂门前，邂逅一辆奥迪车，车牌0-1。

真正让我惊奇的还不仅是这个车牌，而是我离0-1奥迪车里面下来的两位距离不到5米，而且没有遇到任何警卫。

那两位重要人物，是德国总统高克和他的夫人。

今天，我们是要去参观一下德国的心脏，看看菩提树大街、博物馆岛、勃兰登堡门等等。

菩提树大街相当于中国的长安街加王府井大街，勃兰登堡门相当于法国的凯旋门，博物馆岛则是德国人一个伟大的发明，这里有众多的博物馆。

太阳已经晒得只需要穿短袖了。我们出发前往博物馆岛，这里在菩提树大街尾部，可以一直步行到勃兰登堡门。担心找不到停车的地方，我们今天没有开车，而是租了一辆大巴车前往。

博物馆岛到了，下车，正前方是佩加蒙博物馆，右前方是柏林大教堂，中间是宽阔的草坪，还有一座喷泉。

柏林大教堂是带着文艺复兴味道的教堂，教堂所在的几百年间，拆了建建了拆，风格根据当政者的喜好变化。直到1894年，德国威廉二世重建了这座柏林大教堂，教堂建了11年，威廉二世亲自为落成的教堂剪彩，将这座教堂视为国家的形象。

"二战"时被炸得一塌糊涂的柏林，这座教堂自然是无法幸免的。好在欧洲各国似乎都能在自己国家被攻陷前对老建筑的图纸进行保护，战火后教堂还能从残垣断壁

柏林大教堂前的海报

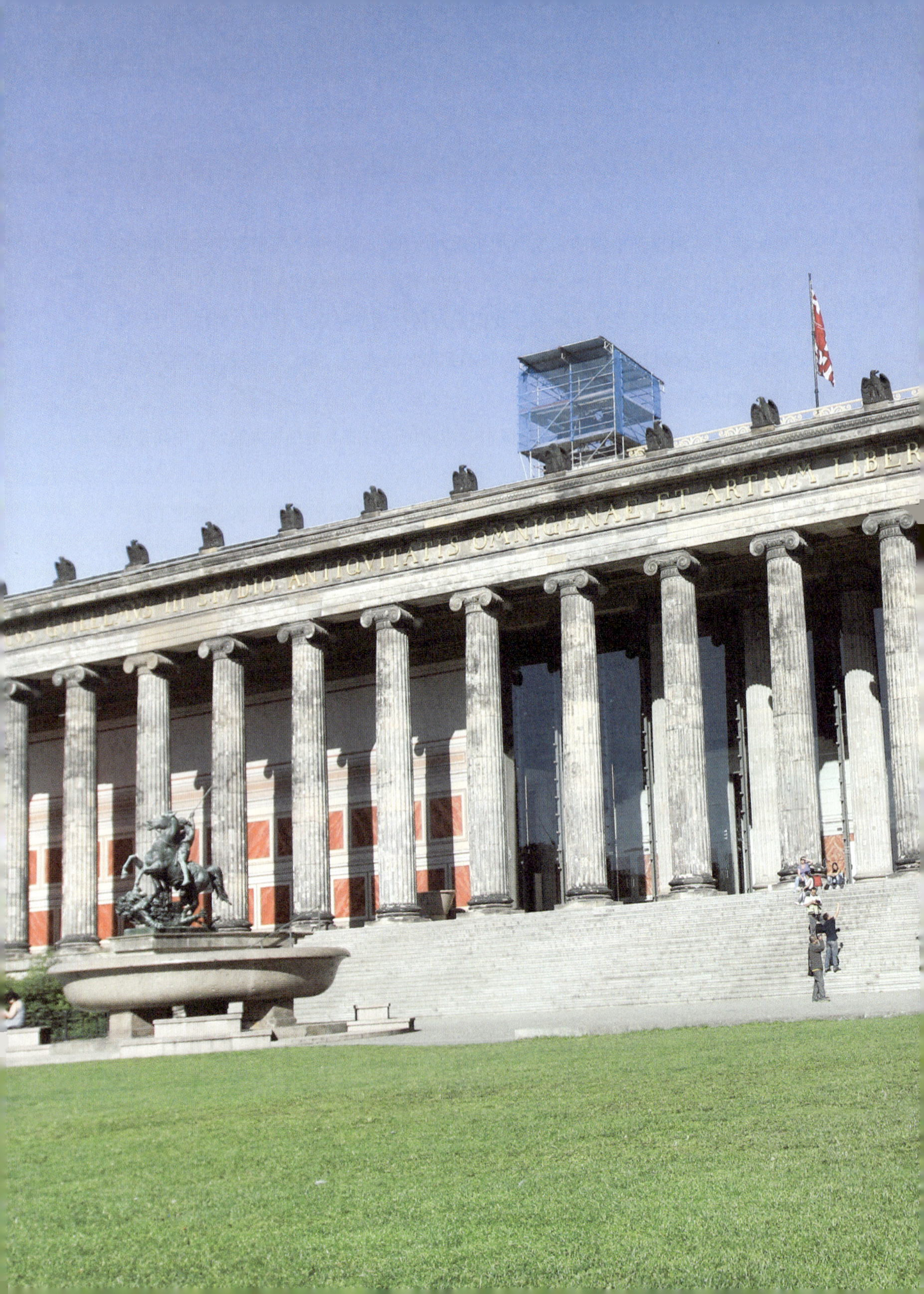
STVDIO ANTIQVITATIS OMNIGENAE ET ARTIVM

佩加蒙博物馆前，一位消防员正在训练搜救犬

中复原，1995年，柏林大教堂再次与世人见面。

走到114米高的大教堂前，建筑的外立面和穹顶都用尽了装饰，灰白的浮雕，铜绿的雕像，还有复杂的棱角线条，加上铜绿的大圆顶，让人觉得极其华贵。而让我印象最深刻的，还是那些似乎被烟熏黑的大柱头和雕塑，感觉被轰炸的痕迹依然清晰地留存着，有的柱头上还有很多另外颜色的方块，像是补上的疤痕。这让我仿佛看到了硝烟战火，还有战后人们是如何一点点让它复原的——复原它，用了18年。

总感觉今天的教堂气氛有点不同，主教们站在教堂的外面，笑盈盈地在等待着什么，进门的石梯上还站了不少人。

正疑惑，一辆在车灯旁立着鹰鹫旗帜的黑色奥迪A8，在大教堂前停下，一位白衣女子迎上去，上面下来了两个人，和白衣女子握手，然后一起走向台阶。

主教们笑着在石梯顶迎接，四五个相机对准了这两个人。他们走完台阶，和主教握手，然后笑呵呵转过头来给摄影师机会的时候，我大吃一惊，这位老人是德国总统高克！

再百度一下，确实是高克和他妻子！

一阵猛拍，这机会难得！

拍完，高克夫妇进入柏林大教堂，好像是教堂的重新开放20周年的纪念活动，今天教堂闭门不让参观了。

官员进场了。我继续近距离围着0-1号车看，驾驶员长得挺帅的，车窗可视面积的宽度是特殊设计过的。我把重庆丝巾展开，在车头照相，又把写有本单位名字的旗帜拿出来在车头照相留念，都没有被干涉，只有一位警察过来笑着问了下是什么旗帜，我如实回答之后，他也不管我了。

没料到，德国总统的座驾没有警卫车开道，我能在5米之内见到德国总统夫妇，还能拉着旗帜与他的座驾贴身合照。

再看了下，周围就只有消防队员在大教堂门前摆着摊，给大家普及消防知识。德国总统进入教堂前后，教堂周围并未实行特殊的安保措施。

来之前做过功课，柏林大教堂里面雍容华贵，漂亮得近乎奢侈，本想进去看看的，今天作罢了，看到德国总统就算是进不了教堂的置换吧！

柏林大教堂内有中文宣传册，如果有机会，你一定要进去看看。

走向博物馆岛最显著的建筑佩加蒙博物馆，看上去非常方正的建筑，建筑前面有神庙般的立柱，里面的藏品，很多都来自古巴比伦、亚述和叙利亚等，十分震撼。遗憾的是，我们在菩提树大街一共只有两个小时的时间，没办法进去看看了。

博物馆岛上，还有新博物馆、国家画廊、博德博物馆，这些博物馆外观都很古朴漂亮，均是"二战"后修复重建的，我想下次来德国，我至少会花一天时间来泡泡这些博物馆。

离开博物馆岛，走上菩提树大街，发现了这一路途经所有城市中，最密集的塔吊——柏林正在对菩提树大街周边的建筑进行大规模的维修和兴建，许多政府机构将从波恩搬到这条街周边来。这里就是个大工地，街上到处都是几米高的横向水管，水

菩提树大街左右都是各种有历史韵味的建筑

一个摊贩制造的巨大泡泡，盖住了勃兰登堡门

管多得拍张全景照片都不容易，向导说这是开挖地基时把地下水导走的水管，今后还会被拆掉的。

菩提树大街上，有很多售卖德国纪念品的商店，里面最常见的，就是柏林墙的碎屑，当年分为东西德、东西柏林时的地图等，德国人对自己的这段历史是不会忘却的。

街上的著名建筑很多，大街北面的建筑物有德国历史博物馆、新卫宫（法西斯和军国主义受害者纪念堂）、洪堡大学、老图书馆，南面有国家歌剧院，路中间是德国皇帝弗里德里希二世的骑像。

街上有一家奔驰形象展示店，里面有几台老爷车，能看到奔驰品牌的进化史，当然也有最新款的奔驰售卖。柏林的出租车几乎清一色的米黄色奔驰，新款为主，看上去相当"高富帅"，不过奔驰在德国，就是寻常的车。

街上还有一个蜡像馆，梦露的蜡像摆在店门口吸引着游客，和众多蜡像馆一样不便宜，最便宜的成人票也要21欧。

继续往前，就是勃兰登堡门了。

勃兰登堡门的历史，说来话长。公元1753年，普鲁士国王威廉一世定都柏林，修筑此门，并以国王家族的发祥地勃兰登命名。1788年，威廉二世统一德国，建筑师以古希腊柱廊式城门为蓝本，设计了凯旋门式的城门，门顶端是一位长着双翅的胜利女神，手执饰有月桂花环的权杖。旁边的广场干脆就叫巴黎广场了。

1806年10月27日，拿破仑骑着马率领法国军队，以征服者的身份通过曾经象征普鲁士胜利的勃兰登堡门，进驻

1.奔驰展示馆里面的老爷车
2.走过德国国会大厦的游人
3.菩提树大街上的行人
4.菩提树大街上的蜡像馆门口摆着梦露像
5.菩提树大街上的双层巴士和价格

Promi-Party

Stadtrundfahrten
Sightseeing
10,- €
nur vorne
beim Fahrer
Club Sandwich
Free WiFi

5

柏林，占领了普鲁士。拿破仑命令将勃兰登堡门上的胜利女神雕像拆下装箱，作为战利品运回了巴黎。

8年后，普鲁士参加的反法联盟击败拿破仑，又把胜利女神像抢了回来。

"二战"爆发，苏军攻占柏林，把红旗插上了勃兰登堡门，德军最后残余军队的一名炮兵，无法忍受这一刻，炮轰勃兰登堡门，将门炸得粉碎，只余一座马头。

现在的门是1956年重建的，作为柏林墙分割线上的建筑，在柏林墙被推倒时，东西柏林的人在勃兰登堡门前庆祝。紧贴勃兰登堡门左右两侧修建了李伯曼大楼和桑摩大楼，以衬托这座老城门和旁边的巴黎广场。

勃兰登堡门连同菩提树大街，一直到柏林电视塔，是德国的东西向轴线。

勃兰登堡门前，游人如织，有来做巡游的明星，也有举行婚礼小派对的新人，还有用圈绳制造大肥皂泡泡的小贩。巨大的肥皂泡在半空飞舞，反射着阳光，引得孩子欢笑追逐。

穿过这道人气很旺的门，里面又在搭台搞什么，正面走不通了，只能右转，去看德国国会大厦。

德国国会大厦在"二战"时期，发生了

胜利女神柱

两件事情，一件是著名的"国会纵火案"，另一件是苏军把这座纳粹德国最后的堡垒拿下，红旗插在国会大厦顶部，希特勒自杀，两天后德军放弃抵抗。

战后，国会大厦重建，外墙基本不变，内部推倒重来，普通公民可以在观众席自由地观看联邦议院在这里的辩论。

国会大厦前面有一座草坪，很多游人都躺下来，阳光晒着很舒服。遇见一个中国人的自行车队，他们是坐飞机到柏林来，骑自行车感受柏林的。这也是一种玩法，柏林有完善的自行车道，骑车慢慢看比走路轻松。

今天下午我们还有工作要做，就只能看这么多了。你若开车而来，建议用一整天的时间给菩提树大街。建筑只看了外观，没进去，是我们最大的遗憾。

德国国会大厦，见证了一段历史

DAY 40
9月8日
柏林

这条分界线，曾经分割了骨肉同胞

墙的遗迹

许多亲历了那一天的德国人后悔，当年不该如此迅即地推倒柏林墙，以至于现在他们难以用实物记住那段历史了。

推倒柏林墙，两德统一，这是战败的德国人几十年的夙愿。

来到柏林，一定要看看柏林墙，那是德国分裂成联邦德国和民主德国时的分界线，也是冷战时代的世界分界线。今天我们能开车穿越东西柏林，当年不行。

一位男子在柏林墙的十字架前默哀

战败后的德国，成了两个国家，一半是苏占区的民主德国，一半是英美法占区的联邦德国。而德国首都柏林，也被一分为二，英美法占一半，苏联占一半。

整个柏林都在民主德国的境内，前面我们说到过，"二战"初期德国入侵波兰的时候苏联也进军波兰，把波兰瓜分了，战后苏联没还那块地，波兰国土面积也没减少，那是因为把德国东边的一部分区域划给了波兰，让柏林离德波边境线顿时只有100公里了。西柏林就成了民主德国地域中的一座孤岛，只能用空中走廊与联邦德国连接。

为迫使联邦德国放弃西柏林，苏联从1948年开始，制造了三次"柏林危机"，前两次苏联最终放弃了，第三次，苏联开始修建柏林墙。

1952年起，民主德国关闭了两德边境，只有东西柏林边界开放。大量民主德国的人经西柏林前往联邦德国及其他西方国家，且一去不返。1961年，民主德国开始修建柏林墙，同时授权对任何想要穿越柏林墙的人可以射杀。

柏林墙并不是一堵墙而已。我们今天就来到了柏林唯一完整展现柏林墙"厚度"的遗迹，遗迹旁有一个柏林墙纪念馆，可以登到馆顶俯瞰柏林墙。

眼前的柏林墙，被两堵与柏林墙十字交会的纪念墙封闭成了"口"字形，墙体有约3米高，墙头是圆的，没法就这么爬上去，墙后面是一片荒地，有灯照射，还有一个瞭望台，顶部有探照灯，瞭望台后面还有隔离桩和另外一堵墙。

柏林墙被推倒的时候，兴奋的人们一处不留，这一段虽是遗迹，但也是按照当时的真实情况复建的，远不能体现当年柏林墙的冷酷。当年的柏林墙超过155公里长，约3~4米高，防线可分为：第零层，302座瞭望台；第一层，约3.5米高，光滑、淡色的水泥墙，有的地方附铁丝围栏和警报器；第二层，钢制拒马；第三层，2米高的铁丝围栏；第四层，音响警报缆；第五层，通电的铁丝网；第六层，共22个碉堡；第七层，用来引导警犬的缆线和600只警犬；第八层，6~15米宽的无草皮空地，可以留下逃亡者的脚印，埋有地雷；第九层，3~5米深的反车辆壕沟；第十层，5米高的路灯；第十一层，武装警卫14000人；第十二层，2米高的通电铁丝网，附警报器；第十三

1. 在美军检查岗遗迹前留影的老外
2. 柏林墙外的钢管，让人记住那道坚固的墙

层，空地；第十四层，第二道水泥墙，高3.5~4.2米、厚15厘米，可以抵挡装甲车辆的撞击；第十五层，有些地方需要游过施普雷河。

"世界上的围墙都是防止外面的人闯进来的，只有一种围墙是防止里面的人出去的，那是什么？那就是监狱的围墙！"约翰·肯尼迪曾说。

把自己的国家用监狱的手段围起来，只能在身体上阻止离开。"二战"后两德在发展上的巨大差距，让民主德国的公民对专制政府极其厌恶。1987年，美国总统里根在勃兰登堡门前演讲时喊出："戈尔巴乔夫先生，打开这扇门。戈尔巴乔夫先生，推倒这堵墙！"

民心所向，1989年11月9日，作为东西两大阵营对立的主要象征，柏林围墙被拆毁了。

据民主德国官方的统计材料显示，柏林墙开放的头三天就有300万民主德国公民进入联邦德国和西柏林进行"短暂访问"，到11月19日民主德国警察局已签发1000多万份私人旅游证，这个数字相当于民主德国全部人口的2/3。1990年8月31日，双方在柏林签署《两德统一条约》，10月3日，民主德国正式并入联邦德国。

站在柏林墙纪念馆向下望，那堵墙搭个梯子就能上去，但只要你翻过了墙，面对过来的就会是一颗子弹，或者一枚地雷，真正恐怖的倒不是墙本身了。

这座纪念馆的楼下，有电视反复播放当年的柏林墙的情形，还有柏林墙的地理位置展示和图示。

这段柏林墙旁边，有一个小小的草坪，上面立着十字架，用于悼念当年试图穿越柏林墙而丧命的人，有人在十字架前默哀。

墙的延伸线上，立着一些朝天的钢管，这些钢管曾经就是柏林墙的骨架。

柏林墙在德国人心中是永远的记忆。现在多数德国人认为，保留柏林墙的遗迹，对于德国来说更有意义，这样大家才能更清楚地记住历史。

眼前的柏林墙后面，是一个在欧洲经济上最强大的德国，被分割如此久的国度，统一后的发展速度，远远超过了曾经分裂它的国家。

我们今天其实是先去的柏林墙的另一个遗迹点：美军检查岗。这个岗点以前立着"你正在离开美军保护"的标牌。

检查岗保留在路中间，还放着沙袋堡垒，有一间岗亭，两侧满是探照灯。让人有点意外的是，两名德国青年假扮美军士兵，在这里举着美国国旗，等着游客用两欧元的价钱合影，大有"此山是我开，留下买路财"的味道。因为专程来这里，不留张照片也对不起自己，于是我掏了两欧元，他们拍得很配合。

检查岗旁边有卖纪念品的地方，还有金属的柏林墙延伸线在路上展现，一些涂鸦的柏林墙模型立在路旁，当年的柏林墙上曾全是涂鸦。

　　柏林墙纪念馆旁边一里路，有一个二手货交易市场，周日非常闹热，有的团员对此有浓厚兴趣，于是我们也去凑了下热闹。

　　这个跳蚤市场真是什么都卖，小到一颗纽扣，一张二手碟，一件二手衣服，一小块柏林墙的碎片；大到一个旧家具，还有旧水桶旧相机旧地图什么的都有。凡是家里有的小东西几乎都能在这里找到，就没看到卖旧手机旧电脑的。市场地面都是碎石，拥挤嘈杂，包括我在内的多数人都不喜欢这种购物环境，不过也有团员用12欧元淘到了很有型的老相机，不为留影，只为留念。

　　随后，我们来到了夏洛腾堡。

　　夏洛腾堡是普鲁士时期的巴洛克皇宫建筑，进入21世纪还作过两年的德国总统府。这栋建筑的真正价值，在于建筑内部，而我们又一次做了建筑外观游，原因当然还是时间不够，

幽静的夏洛腾堡后花园

296 开车去柏林
DRIVING TO BERLIN

1.夏洛腾堡宫外拍婚纱照的土耳其新人
2.夏洛腾堡宫正面
3.夏洛腾堡宫里聚会的女孩，看到镜头，做出了各种表情
4.夏洛腾堡拍照的恋人

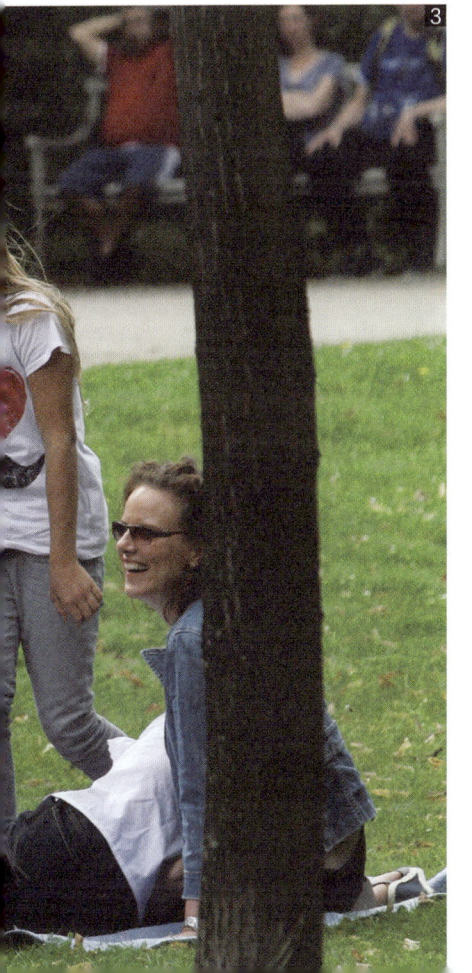

真想有时间能把这两天的建筑内部全部补上。

　　没看成内部，在外面看看，游览一下宫廷的花园，也是不错的感受。夏洛腾堡的花园是这一路上所见建筑中最宁静的，曲径通幽，大树沿着小道绵延。《冰川世纪4》中的坚果落得满地都是，土耳其新人在这里拍照，一大家子的孩子在草坪上游戏，恋人在这里漫步，天鹅在湖水中轻轻滑过。安宁的氛围，甚至让人会暂时忘记夏洛腾堡这座宫殿，只沉醉于绿意的花园之中。

安静的展会

习惯了在中国参加闹哄哄的展会,在德国参加展会就会惊讶了,这是全世界最大的消费类电子产品的展会,但很安静。

在柏林参加IFA,是我们这一路又一个意外的收获。不会有任何旅行团会把展会作为行程的,但是我们可以。当然,这个展会本身我们也有采访任务。

IFA是世界最大的消费电子盛会,值得去看稀奇看古怪。当时我们所住的酒店的其他客人,几乎全是与这次展会相关的人员。在柏林墙纪念馆,我们还遇到了参展的是一位三星公司的美女,展会的广告已经在柏林很多街道旁边出现。

展馆安静的大门

来到柏林会展中心，感觉很是意外：偌大个展馆，主入口前的人只有几十个，除了LG雇的德国美女在场外发放资料，其他厂商一律没有散发传单的，门口地面很干净，也没有音响放着劲爆音乐。

展馆大门是用BOSCH洗衣机堆出来的，这个在中国并不显山露水的品牌在欧洲很是牛气。

展会17欧元的门票，凭记者证，我们得到了柏林方面的通融。

已经开了4天的展会，会场主入口的红地毯依然干干净净，可以直接坐人。

展馆门口并没有保安用安检门安检，验票的是两位穿着西装的工作人员，进门并不觉得自己是犯罪嫌疑人，而是赴会的贵宾。

展馆内部，各家参展商分为一个个独立的展馆，展位都很大，各家的整体理念可以通过富有设计感的展厅进行完整地展示。大家对于音响的控制也非常默契，没有一家用大音箱来吆喝生意的，更不需要用声音盖过别家的风头。

安静是有道理的，因为这个展会不是看热闹而是谈生意的。西装笔挺的客户，看上去比普通看热闹的消费者更多，没有任何一家有现场商品可以出售，现场洽谈的氛围很浓，这样的氛围，在我此前参加过的中国所有展会上从未看过。

对于普通观众，各参展商在用户体验上做得都不错，现场做小食品的看上去像在玩艺术，能听到现场的掌声。

相对安静、秩序、专业，这些参展商在展示自己新产品时最希望有的条件，这不是多招几个参展商就能实现的，我们的展会"提档升级"还有很长的路要走。

IFA最受关注的重要商家，是来自亚洲的三星。这家韩国企业在一楼独占两个展馆，位置更重要的一个展馆，展示的是三星的白色家电，而在位置相对靠后的展位，展示的才是三星最受关注的9月5日在这里首发的NOTE3手机，以及110英寸屏幕的UHD"电视墙"。在4K即将主流的时代，三星在电视上很可能成为类似手机领域的新霸主。

韩国抗日，不是简单地抵制日货，而是培育出比日本企业更强的企业，过去强大

每家参展商都能在独立展馆体现自己的理念　　　　　　　　　　　展览以洽谈业务为主

的日本电子品牌，被挤到了二楼。虽然SONY等的展位依然很大，虽然SONY中心还矗立在德国最核心的地段，但正如被三星和LG广告包围的索尼中心一样，日本品牌在展会上已经拿不到一楼展馆，展会上同样推出的65英寸屏幕弧面电视，三星的清晰度是索尼的4倍。

　　在一楼我们找到了海尔，展位在西门子旁边，此外，联想、格兰仕、美的、长虹等品牌，也在展会现场有所展示。

　　最值得一提的是台湾企业集体参展，包下第27号展馆，以"台湾工业"大招牌示人。"台湾制造"占据了展馆主入口前唯一的广告立柱，展示了HTC、宏碁笔记本等台湾制造，众多小参展商能在小门面内，展示自己的形象，在这个大品牌说了算的展会上露脸。

　　这也是唯一以地域为参展的群体。

　　一个半小时浏览展会，大开眼界，发现中国人用的家电种类真的很少。由于生活方式和饮食结构的不同，我们没用过的电器，没听说过的品牌比比皆是。

　　看完展会，男队员都很激动，我们对消费类电子产品的追捧，和女生对化妆品的喜爱类似。

DAY 41
9月9日
柏林到杜伊斯堡

感受不限速

男人大多爱车，此生应该去一趟沃尔夫斯堡，去看看大众汽车城，那会让你觉得此前看到的所有4S店都是小儿科。

今天我们的行程，是从柏林到杜伊斯堡，途经沃尔夫斯堡，550公里的路，在德国这种不大限速的国家，那就是小菜一碟。

路还是一如既往的好，今天我们来说说德国的高速路。

我们在路上跑，不管直道还是弯道，超车道上的车都开得极快，感觉每个驾驶员都是赛车手一般，他们与赛车手不同的是，开得稳，不会频繁变道。

在德国的高速路上，车队开慢了不仅是"不好意思"，甚至可能会不安全，因为别人超车队也是很麻烦的

保持在中间车道行驶，把超车道让出来，是德国开车的基本规则

事情。

　　大家都开得快，不意味着不安全。恰恰相反，德国是世界上车祸最少的国家之一，高速路的车祸发生率甚至低于普通道路。

　　其实在这一路上开了车，特别是在德国开了车之后，回到自己的城市，就觉得开车是在冒险了，好长时间都不习惯。自己的城市里大家都在频繁变道，猛踩油门猛刹车猛按喇叭，那才是真正的赛车场，相对速度不快，但提速和减速都非常快。在德国，这种情况很少发生，你只要走自己的道，不会有人来惹你，不会把你逼到其他道上去。

　　我们今天在高速路上也遇到了堵车，那是因为修路。德国修路路段一定会设立限速标志的，单车道一般就是60公里的时速限制了，堵车的时候绝对不会有人走应急车道，估计谁走都会遭白眼的。

油价惊人，不过高速路不收费，与当地人的收入相比就不算什么了

德国人拿驾照是很难的，需要学习的不仅有技术，还有开车的文明礼貌，特别是对行人的避让。不过他们的开车习惯应该是耳濡目染已久，再加上大众、奔驰、宝马、奥迪都是德国制造，他们对自己国家的汽车有足够的信心，德国人认为高速路车祸少的三大宝，是车好、技术好、路好。

关于路好，德国是世界上最早修建高速路的国家。第一条高速路是希特勒修的，现在他们的高速路一般是单向三车道，由于大家秩序井然，三车道也就够了。高速行进带来的是高速路的高效利用，四车道这种路是绝对不限速的。三车道多数不限速，两车道基本限速。

我还想到了一点，德国路上跑的大货车特别是拖挂车的速度并不低，中国不少高速路本来只有两车道，大货车超载开得慢，道路占用了，也会导致道路通行能力受到严重影响。

德国高速路上的限速标志，修路除外，我看到最多的是120和130，不限速的标记是白底黑斜杠，你会发现你开160公里的时速，旁边的车开的200公里以上，车好，不怕开！

好话说了不少，要"吐个槽了"：德国高速路虽然不收费，但是油贵！95号油算起来十三四块钱一升了！当然，他们的收入水平也比我们高得多，汽车价格比我们低得多。德国每一升汽油有0.6545欧元的燃油税，柴油为0.4704欧元，此外还有19%的增值税，一升汽油的各种税加在一起有1.1欧元，用高税收抑制大排量汽车的增长。

在德国加油，一般Aral、Shell、Total比较贵，不过建议还是在连锁加油站加油，加到不好的油这趟路就废了。油价周末贵点，周一到周四便宜点，高速路边上的加油站更贵些。德国的柴油叫Diesel，汽油有Benzin、Super、Super –plus，我们一般是加Super。

再"吐个槽"，路边的服务区上厕所要钱，还贵！厕所一般是在超市的里面，上厕所的时候得先投币，70分，只有硬币零钱可以投哦！然后会回给你一张50分的票，这张票拿着可以去超市当代金券用，超市里面还得二次消费，这能算是强制消费么？

德国高速路休息站上厕所也有门禁

投币70分找补50分的代金券

能钻过去的小童免费

消协不管的？

厕所栏杆处有个人形的剪影，能从这个剪影中钻过去的小孩是免费的，总觉得这也不够尊重小孩。

厕所里面的马桶很高端大气上档次，如厕之后，马桶圈会自动旋转一圈，马桶水箱会伸出来一个东西进行清洗马桶圈，确保下次人坐上去是干净的，这确实高科技。

厕所还提供洗澡服务，估计是给大货车司机和房车准备的，不知道什么价钱。

汽车的世博会

因为修路堵车，我们到达沃尔夫斯堡的时间偏晚，这也意味着我们在大众汽车城的参观时间会缩水。

大众汽车城建的地方是原来的大众汽车总部，这地方把工业旅游发挥到了极致。德国人说到"狼堡"，直接就和大众汽车城挂钩。

开着国产车到沃尔夫斯堡来，还真有点意思，连街上看我们的人的眼色都不一样了，难道这是幻觉么？这座城市路上跑的街边停的，多数都是大众品牌旗下的车，这和德国其他城市是不一样的。

我们是开车到大众汽车城旁边的一座停车场的，找停车位不难。大众给观众设计的路线是从一条运河旁一个很科幻的建筑里面上楼，走过一条现代感十足的跨河廊桥，进入汽车城的入口展馆。那座廊桥用传送带送人过桥，可以俯瞰运送大众车的火车从桥下驶过，也可以看到汽车城的试车场，还有运河的繁忙。

从停车场前往汽车城，一路上看到都是顶配的新款棕色甲壳虫，轮毂光可鉴人，都上了牌照的，莫非这是这里的员工用车？漂亮得我们已经开始连拍了。

大众汽车城票价14欧元，从入口进去，第一件事情是吃饭。汽车城是实行一卡通的，吃饭、买票、购物都在这张卡上。主入口旁边就是餐厅，里面最主要的自助区居然是全素食，荤菜得单点，这顿饭是我们在德国吃到的最难吃的一顿。

在等买票的时候，透过落地玻璃望出去，这里感觉就像是依托自然地形起伏的世博园，能看到好几个很有设计感的主题馆，在低空的雨雾中显得很神秘。

其实大众汽车城就是2000年德国汉诺威世博会的展馆之一。这座汽车城耗资8.5亿德国马克，公园看上去更像是一个高尔夫球场，有水池和丘陵，每栋建筑看上去都极富设计感。

走进汽车城的第一个展馆，这将是最震撼的——这里展示的不是新车，而是汽车发展史。

从19世纪末的汽车到最新款的布加迪威龙，在这个四层楼的展馆里面都能找到。不过这座展馆主要是展示那些漂亮得无以复加的老爷车。20世纪三四十年代生产出来的轿车，让我一次次惊叹太漂亮，太漂亮，为什么现在的车反而造不出七八十年前的漂亮了呢？为什么到了20世纪七八十年代，车能够大批量工业化生产的时候，就变得缺乏精致了呢？

正是因为这样的强烈反差，看到那些艺术品一般的老爷车扎堆的时候，我都在想象那些曾经在这些车上坐过的人是什么样子了，他们应该不只是像我们一样把车当代步工具，而是在享受某处乡野的阳光下午吧！

一架超长的、嘴巴如鲨鱼的车，在老爷车堆中与众不同。我想到的是美国西部片中一辆慢悠悠开来的车，音响开得吱吱作响，一位戴着牛仔帽的大胡子男子停车问，有火么？

长得乖巧圆润的大众面包车，那不是电影里常出现的校车么？还有最老的高尔夫GTI；还有保时捷拖拉机，这才知道这货最初是耕田的；还有甲壳虫的进化史，这曾是世界上卖得最好的一款车型，大众的第100万辆车就是一辆土豪金的镶了施华洛斯奇水晶的甲壳虫；还有1899年的奔驰，奔驰公司重金求购大众硬是没给；还有流线型的大众为了测试W12发动机所开发的大众品牌跑车Syncro；还有1912年的第一辆布加迪威龙……

无法用言语来描述这些车的漂亮，很感谢大众能在自己的博物馆兼收并蓄，将各个品牌的经典老车到这里展示。其实德国大众在汽车发展史上并不是最早的，这个品牌是在希特勒当政时要求创办的，意思是创造一种平民都能买得起的德国品牌车，"大众"因此得名。

这个展馆光是拍照就够得拍，从未见过这么多保养得如此之好的老爷车，真不知道接下来的展馆会如何展示。

走出汽车发展史馆，大众将自己旗下的品牌族群进行了不同展馆的展示。大众在20年前开始大规模的品牌并购，欧系车品牌被大众蚕食得很厉害，保时捷一度差点吃

电镀黑的布加迪威龙

1940

1.1940年的宾利
2.展馆中的老爷车就像一个个的大玩具
3.这是西部片中的牛仔车么?
4.大众为W12发动机制造的跑车
5.过去的车为何颜色如此鲜艳多样

1. 1966年的"面包车"如此可爱
2. 世界上第一辆布加迪
3. 贴着眼睫毛的轿车
4. 这是什么奥迪？
5. 1975年的兰博基尼就是现在的模样了

2

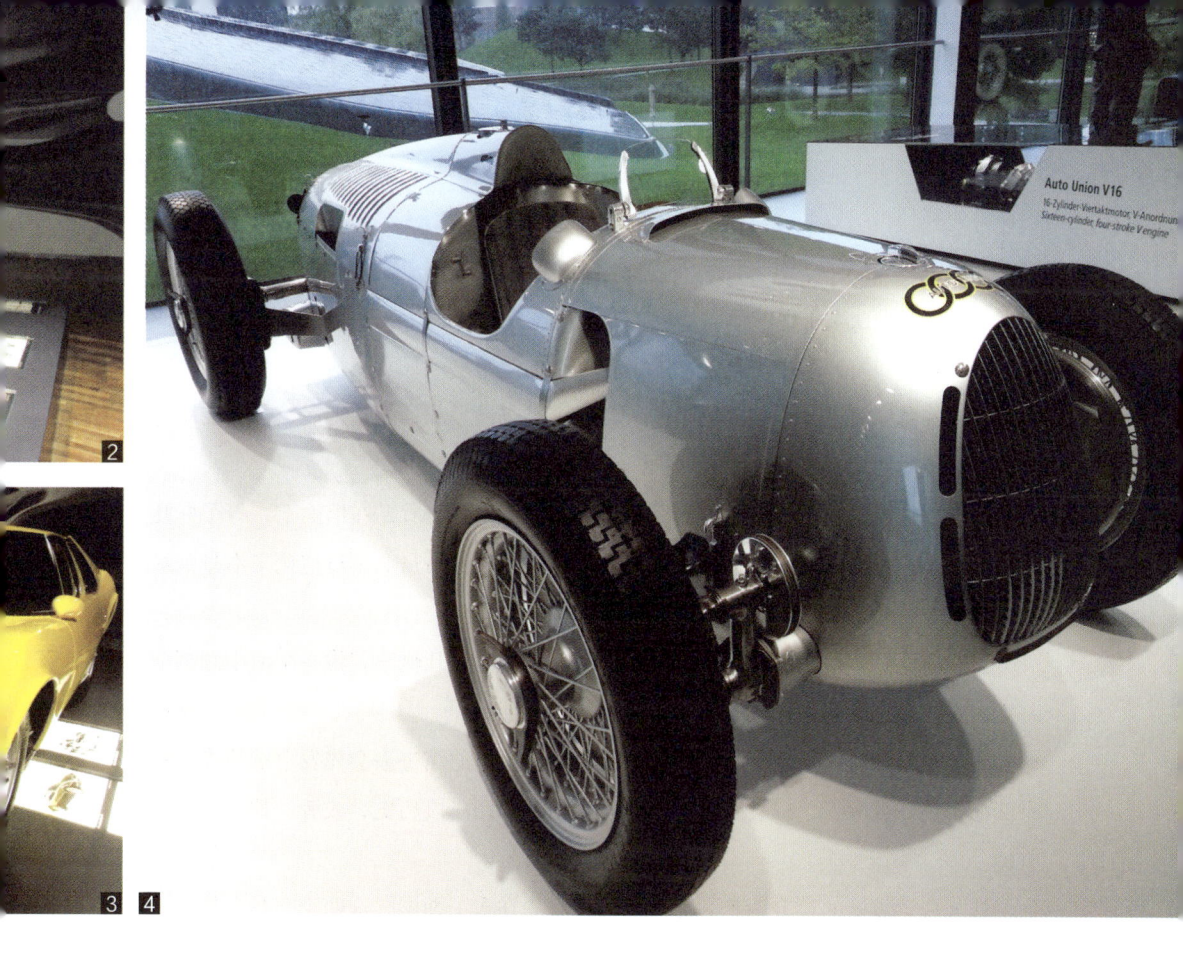

3 4

Auto Union V16
16-Zylinder-Viertaktmotor, V-Anordnung
Sixteen-cylinder, four-stroke V engine

5

掉大众，最终大众吃了保时捷。2012年大众是世界汽车三巨头之一。

接下来的展馆，个个都亮瞎人的眼球。布加迪馆里面只有一辆车，是一辆电镀黑的布加迪威龙，关键是围绕这辆车的天与地全是电镀黑的，闪耀得展馆需要控制进场人数，让你屏住呼吸感受它的霸气！

兰博基尼馆里面也只有一辆车，关在铁笼子里面，竖着贴在墙面上，等了好几分钟，开始了一段劲爆的声光电表演，彰显了兰博基尼的力量。不过这辆车本身到最后也没动一下，只是被翻了一转，这多少让人有点遗憾。

保时捷馆里，按照保时捷一贯风格，只有银灰色，几辆车就像在车河中倾泻下来一样，展馆本身也如飞碟一般科幻。

展馆还包括奥迪、斯柯达、西亚特、大众等。奥迪馆进去会先发个球给你，看到有凹槽，把球放一下，球会变色，然后开始给你介绍一段历史，或者一款车，互动很有趣。

让人视觉震撼的还有两个圆形玻璃塔，矗立在人工湖中，这两个高48米的玻璃塔可以各存放400辆汽车，看上去就像是科幻电影里面的立体透明车库。这里每40秒就会进出一辆新车，送到顾客服务中心，这种提车过程，写个提车作业，定会红遍汽车论坛啊！

在大众汽车城泡上一天是绝对没问题的。我们能做的就是不停地拍，不停地被震撼得一塌糊涂，这是看任何一场车展都无法体会的激情感受。

大众汽车城出来，不由感慨这个世界汽车的巨头，在欧债危机严重的时候，大众依然能够保持增长，与日本丰田、美国通用一起争夺前三的位置，其背后浓厚的汽车文化，也是这个企业的核心竞争力之一。

离开大众汽车城，开着我们自己的国产车，继续往杜伊斯堡而去。抵达已经是晚上了，下着雨，冷得穿冲锋衣加绒了。

DAY 42
9月10日
杜伊斯堡到乌波塔尔

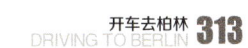

逆世界

如果这世界是颠倒的，在云端有一个镜像，我们能否与逆世界的人牵手？

电影《逆世界》，生活在正、逆两个世界的爱人，为了在一起，何等不易。

今天，我们可以在现实中体验逆世界。

在杜伊斯堡，我们有一件重要的事情要做，先按下不表，今天我们要去的地方是乌波塔尔。

这是一个不仅你觉得陌生，连我们也觉得陌生的地方。我们去这里是了解一个老工业城市的转型，不过可以顺带看两样东西——悬挂式列车和恩格斯故居。

从起点站出发的一列车

1.列检库里的两列车
2.列车驶过乌波河上
3.国王号内部
4.悬挂式列车的发明者

从杜伊斯堡到乌波塔尔，也就三五十公里的距离。德国有的城市之间隔得非常近，我们本来也只是住在杜伊斯堡的市郊。

可能上天也觉得我们距离太近了，所以设计了一处修路，让我们导航出错了。前面说到过德国人在高速路上开车很快，我们在下道口也不敢磨蹭，车队走错了和没走错的被迫分成了两拨。我们7号车上有一个导航，我于是当上了导航员，一路解说，带领车队的大部分车前往这个陌生的城市。

前往乌波塔尔的路两边风光是很漂亮的，有一段没有高速。进入乌波塔尔，就看到了这座城市最著名的景观——世界上第一条悬挂式列车线路。

1900年，德国建造了世界上第一条悬挂式轨道。这种轨道的与众不同是列车悬空，轨道在列车上面，车的钢轮是挂在轨道上的。

说到这里先要给德国人一个赞了，1900年就有这样的科技和技术力量，使用如此坚固的钢材，用它来吊着沉重的列车开行了上百年，而且有如此可靠的控制系统、牵引系统和制动系统，这么多年只出了一次事故。

眼前的悬挂式列车让我觉得相当震撼，因为工作关系，我一直在了解轨道列车,这种悬挂式轨道列车以前在网上看过,现实还是头一次见到。

一看到乌波塔尔市的环境,就明白了为什么会建造这种对材料可靠性要求极高的列车了:乌波塔尔市被一条乌波河穿城而过,这条河虽然不宽,但与城市的重要干道平行,道路宽度不允许建有轨电车,而修地铁上面又有河,最终采用了这种富有想象力的运载方式。列车的支架梯形撑在河两岸,确保列车受力平衡,也让列车有一种穿梭于时空中的感觉。

我们有幸请到了乌波塔尔市城市电力公司公关经理米歇尔先生,带着我们参观了列车的列检库和维修车间。由于这座城市的人口不多,列车只有两节半的车厢,维修库和列检库都不大。工人师傅的维修我专门看了下,有一位做的事情是把列车上粘过胶水的毛刺削掉,真是佩服德国人对工作的细致。

看到有一列车与众不同,米歇尔介绍,这是德国末代皇帝威廉二世亲自来体验过的。为迎接他的到来,做了一列"国王号",皇帝的新车,雍容华贵、绒布软座、灯光柔和、充盈着皇家的氛围,也是正常开行的,车上还有送咖啡和糕点,遇到就是你"人品爆发"。

不少来乌波塔尔的人,只是想体验一下这开行于逆世界的悬挂式列车,我们当然也要体验一番,上车,从起点站出发。

车动了,很平稳,看到脚下的轿车可没我们这车开得快,街道风景尽收眼底,一会儿就看到了乌波河在脚下流淌,"塔尔"是山谷的意思,有山有水,景观无敌。

看到错车的时候,真是有一种在逆世界穿行的感觉。我们穿行于空中,他们穿行于地上,那些车站,就是我和他们的交集。

坐在这百年列车上,虽然车在前行,但我有一种时光已经凝固的感觉。因为很偶然的机缘,我们能开车来到这里,和每一个初次来到这里的游客一样,惊奇于这倒悬天上的列车,而乌波塔尔的居民,却天天坐着这倒悬的列车往来于生活的各个场所上百年了。这让我想起了重庆的索道,因一部《疯狂的石头》而红,成了外地人到重庆必须感受的景观。而这部索道,在没有大桥的时代是最快的过江交通工具,即使有了

一辆故居工作用车停在恩格斯故居停车场

大桥的堵车时代，还是最快的过江交通工具。

从一座河上的站下车，倒车坐回去，再感受一次。每辆车的涂装都不同，但都鲜艳夺目，倒悬列车确实是这座城市流动的亮点。

之后去看了乌波塔尔市的历史音乐会大厅，文艺复兴式建筑，也建于1900年，开幕的时候是约翰·施特劳斯亲自指挥的，现在还是音乐家心中的表演圣地，大气漂亮。

然后去了恩格斯故居，故居所在的街就叫恩格斯大街，乌波塔尔的市政府副主任和文化局局长在这里和我们碰了面，送了我们一把金色的榔头，表示这座城市有意开拓。

恩格斯故居本来有五栋巴洛克风格的房屋，战后只复建了两栋，每栋4层楼，现在作为故居开放的是第三栋。恩格斯当年的家庭条件和居住条件还是很不错的，故居旁的石碑上刻着：这里是我们城市的伟大儿子弗里德里希·恩格斯的诞生处。

午饭很有意思，是在一家叫作Brauhaus的啤酒馆，酒馆外观是红砖结构的，在雨中显得很有历史感。进门抬头，居然运行着两列相对开行的悬挂式列车模型，其中一列是"国王号"。走进酒馆，里面空间很大，像是啤酒作坊，他们家的啤酒和炭烤排骨真是味道超正！

据说这啤酒馆所在地原来是个游泳池馆，店堂大厅前还有游泳池的扶手，四周墙上还有很多游泳运动员的卡通画，馆子中间的空地现在仍用于表演。啤酒馆酿酒的水就来自于乌波河，水中富含矿物质，0.4升的售价3.2欧元，1升的7.2欧元，店主说已经在中国踩好了点，准备在中国卖乌波塔尔自酿啤酒了，我顿时担心水源如何解决。

Brauhaus啤酒馆　　　　　　　　设计独特的Brauhaus啤酒馆

　　在恩格斯故居外，我们遇到了一位一直关注我们车队行程的上海女子，她说一直在网上看我们车队行进，今天看到我们车队，真不敢相信这是真的，于是她追上我们车，和我们一起用午餐，叙说自己为何在这座小城，这路上真是有各种奇遇。

　　下午工作的时候，看到了这座城市的一些老建筑，任由当年战火频仍，总有一些老建筑能被复原，去讲述历史。

　　离开乌波塔尔的时候，遇到了小麻烦：车队呼呼开过一辆警车的时候，警察叔叔一直盯着我们看，并拦住了我们垫底的7号车。说了一通，我们此前准备的对付警察的方法是什么话都表示听不懂，等待团队救援，于是我们对他说"请说英语"，心想这样警察叔叔就没办法了吧，结果他来了一句："我说的就是英语！"顿时让我们没辙了。

　　好吧，警察叔叔说的，是我们的车贴的膜有问题——在德国，主驾驶和副驾驶玻璃外不能贴膜，我们的车贴着膜，颜色还不浅，他认为这是不合法的，要求要么立即把膜撕掉，要么接受罚款。

　　好说歹说，把两国伟大的友谊都用上了，又说我们从中国而来的行程马上就结束了。警察叔叔拿出了折中方案：我们可以走，但主副驾的窗户必须开着。

　　好吧，感激不尽了，开着窗户逃跑了，这已经是穿冲锋衣加抓绒内胆才挡得住的冷雨，开着窗户开车可不是个办法啊，上了高速路赶紧关了窗户。

　　这也是个教训了，国外很多国家都不允许主副驾驶窗户贴膜。如果你要开车走这趟，最好主副驾不贴膜，或者贴浅色膜。要防晒的话可以带一对防晒臂套，淘宝有卖的，再带点防晒霜就行了。

DAY 43
9月12日
杜伊斯堡到杜塞尔多夫

杜塞尔多夫的花店街，让人有了好心情

最后的购物

昨晚从乌波塔尔回到杜伊斯堡，今天上午去往杜塞尔多夫，这三座城市呈三角形，彼此的距离都很近。

去杜塞尔多夫纯粹是因为工作，我们需要去市政府。

也就顺便参观了一下杜塞尔多夫的市政府，以及市政府外的这条步行街。

杜塞尔多夫的"多夫"意思是"乡村"，但这条街上一点也没有乡村的感觉，还是德国老街的味道。市政府这座"U"形围合的建筑，外立面的墙砖已经老旧得不成样子，但岁月的痕迹反而让它很有味道，这上面甚至能感受到战火的硝烟，不过透过窗户看进去，定然是一栋内部全面装修过的房子了。

欧洲很多国家都规定老建筑的外立面是不能动的，审批动里面就没这么复杂；反观我国，我们的高楼已经让老建筑没有立足之地了，何处找寻我们的历史，越来越成问题。

在老房子相伴的老街上游走，趁着这风和日丽的好天气，逛逛这条街上的花店，看着墙上不知哪家人密密麻麻挂着的一堆钟，葡萄藤覆盖了街角，路人在法国梧桐下走过，中午市政府的官员下班了，走出老建筑，中午的街边餐馆又

热闹起来了。而我们，这异域的风光就要到此为止了。

重庆和杜塞尔多夫是友城，我们离开后，将有中国文化传播活动在这里举行。

杜塞尔多夫其实是很有看头的，只是我们不做停留。这里有杜塞尔多夫的老城被称为"世界上最长的酒吧"，最受欢迎的街区有Bolker大街、Kurze大街和Andreas大街。喝上一杯当地的自酿老啤酒（Alt beer），甜味代替苦味，会是怎样的滋味。

这里还有一条国王大街，是德国5条顶级购物街之一。溪水流过购物街中间，两边是高大的板栗树，不买东西只看看也是好的。

旅程已经接近尾声，可以去购物了，给爱人，给家人，给朋友，这40多天出来，好多人惦记着我们呢。

我们选择的购物地点，是德国和荷兰交界的奥特莱斯。这里其实已经在荷兰地界，荷兰人相当精明，奥特莱斯几乎就开在边境线上，申根区国家反正不需要相互签证也不需要边境线关卡，车开过边境一样的不需要减速，开在边境

可以赚两个国家的钱，还能把其他国家来的游客吸引过来。

这座奥特莱斯品牌丰富，值得来一趟。PRADA、Burberry、Armani、Ermenegildo Zegna，以及Hugo boss、Tod's等等都有，不过综合比较起来，Burberry风衣等的价格在这里不算便宜，PRADA比较便宜，有的大牌在这里是找不到的。

针对一些大牌，这座奥特莱斯有特惠，你先去总服务台领取一张临时贵宾卡，就能在店家折扣的基础上打九折购物了，再加上退税，买得多就能省不少银子了。

顺便说说购物退税吧，如果你不是土豪，就不要怕麻烦，购物的时候就要拿到TEX FREE的单子，这样到了机场才能顺利退税。

这也是你买箱子的最后时候了，说过了，我们来的时候是软包，需要箱子的。

1.步行街上的一栋建筑楼顶旋转的小人和街角的葡萄藤
2.荷兰和德国交界的奥特莱斯，货品相当齐全

1. 在一号车上签字，留作纪念吧
2. 抵达终点，我们的庆祝

终点

DAY 44
9月13日
杜伊斯堡交车

你可能注意到了，这两天我们的活动是围绕着杜伊斯堡在进行，晚上都是回杜伊斯堡住的。

杜伊斯堡并没有这么值得久留，如果是正常的旅程，我们还可以去汉堡、慕尼黑等城市。慕尼黑是欧洲建筑之都，街拍就够你拍的。汉堡是德国对外的海港门户，是最富裕的城市之一，这两个地方都是我想去的。

开车到德国，我们的终点站是杜伊斯堡。

选择这里作为终点，不是因为这里风景如画，一是因为我们这次的工作，我们要了解的"渝新欧"列车的终点在杜伊斯堡，二是因为我们开的这9辆车，并不是要开回去，而是要从这里用"渝新欧"的班列运回去——轿车坐火车回家，我们则会去往法兰克福，坐飞机回家。

说实话，行程到了后半段，特别是到了德国境内，有时候已经很不想往前开了，任由这世间景致美好，也想要回家了。

所以，你若也开车到德国，可以把老婆老公男友女友带上，到时候你就有心情从德国转道荷兰—比利时—法国—意大利，然后再去神都向往的希腊，最后可以有多种方案返回了，你的行程也可以从40多天拉长到100天，甚

至更长。

一个大车队的行进，我们这40多天，已经是相当幸运的了——到现在为止，我们9个车的主要伤情是：三辆车前挡风玻璃破裂、多辆车底盘轻微受损、三辆车各更换了一个轮胎、一辆车疑因油品问题出现了冒黑烟的现象、保障车缸线是替代物且不显示油耗、两辆车有擦挂。如此而已，从总体行程上看，这些都是轻伤了。

我们的总里程，统计数据是12388公里，这是跑得最少的保障车的距离，我们这辆车其实已经接近13500公里了，因为我们在途经每个城市内都有跑。

从安全的角度说，我们是幸运的，这一路上所买的车险，一次没用到。除了保障车的那次缸线烧毁，还有一次缺油，车都没有停摆过。国产长安车全部在没有更换引擎盖下的任何零件的情况下，全部安全到达终点，也是相当争气的。

如果我们继续往前开，此行将变得很艰难。最主要的问题就是三辆车前挡风玻璃的破裂，其中6号车破裂比较严重，而且还在蔓延，这将越来越成为隐患，这隐患还没有破解之法，因为沿途不可能找到替代前挡风玻璃更换。

所以，在杜伊斯堡结束这趟旅程是合情合理的，行程的制定也是有预见性的。尽管欧洲还有无数的美景没有被看到，不过美景终归是看不完的，我们是开车到德国，并不是在德国租车开。

我也不建议你像我们这样把车用火车运回去，因为很贵，贵到你可以开车在欧洲申根区国家再开一个多月的车了，自己还得买机票回家。

所以，你得制定好你的行程，要充分考虑一下回家的路怎么走，来回的总时间是多久，盘缠有没有带够，还有就是你的车况是否适合开到100天以上。

我们这一趟因为工作关系，在有的地方有多余的停留，你只是开车来旅游，路上应该可以节省出10天以上，有的天也不需要像我们这么赶，这些节省的时间够你把荷兰、法国、意大利什么的耍一圈了。

不过也要提醒，你走这么久，家人都盼着你呢，会不会"后院起火"也要考虑，战线拉得太长总是有隐患的，太久了吵个架都不好愈合。

啰唆了这么多，还是说说今天我们的行程吧：把车开到终点站，然后开到货运公司交车。

我们的终点，是在杜伊斯堡的铁路货运站，这里有一个终点到达仪式，这也是杜塞尔多夫市第一次迎接一个中国自驾车队的到来。杜塞尔多夫的市长都出来了，有点帅版鲁尼的味道，现场舞龙欢迎的居然是老外。

把车摆到火车货运站，我们拍了很多照片，这将是我们最后一次把车列好队拍照了，想想刚出来的时候，几乎每天都要拍这样的照片，还要拍摄行进画面，后来就拍得少了。

开了香槟来庆祝，把副团长抛到空中，此时还真有点激动。我们一直担心的，是这九辆车会不会有任何一辆不能安全抵达，最终结果让我们感到幸运和欣慰。

我们的车是交到杜伊斯堡和杜塞尔多夫之间的一个物流公司，和我们相伴四十多天的9辆车，我们要和它们作别了。

这不仅是一趟旅程，更是一次人生经历，旅程接近尾声，经历永驻心间。

多的情就不抒了。我们在1号车的引擎盖上签名纪念，8号车的小伙伴们一度还为谁开最后一段路划拳，这些车被我们暴力驾驶到过200公里的时速，让开过哈萨克斯坦的烂路，载着我们连续奋战到过凌晨3点，这些车也吸引了沿途许多人的眼球，被很多外国朋友拍进了手机，"渝A"这种车牌号，我们一次次解释我们来自哪里，一次次在对方惊奇的表情中去介绍中国，介绍重庆，这是租车游览不会有的际遇。

车交了，它们坐火车还没上路的时候，我们就会回到中国。

DAY 45
9月14日
法兰克福

1. 一辆"萌电车"驶过街头
2. 一栋老建筑被画了一个外观后进行维修
3. 黄昏中的法兰克福街头

没有车模的车展

交车后，我们坐大巴车前往法兰克福，从这里乘飞机回国。

其实最初我们的行程不是这么安排的，我们在路上压缩了一天时间，把这一天留给了法兰克福，留给了法兰克福车展。

法兰克福车展是每两年的9月举行一次，是世界上最大的车展。2013年的法兰克福车展时间，是9月10日到22日，所以我们到法兰克福的时间也是精心测算过的，刚好能够去看看这个全世界首屈一指的车展。

旅途往往是由一些意外的惊喜组成的。出发前设计行程的时候，可没有想到法兰克福车展，就像看柏林消费电子展一样，对于一些大型展览的展期要了然于胸，这些展览举行的时间一般都比较长，对于行程设计上来说，只需动动脑筋调整一下就行了。

沿途的博物馆没去够，能看看这两个展，也算是有所弥补了。

从杜伊斯堡前往法兰克福，我们坐的是大巴车。可能是开车开习惯了，坐大巴车觉得各种不舒服，座位不够宽、靠背不适合睡觉、空气不够流通，特别是想拍照没法打开玻璃窗，想停车又没法停，一下子就体现出自己开车的优势了。

高速路的路况还是一如既往的好，不开车了，在车上又睡不着，觉得有些无聊。

来到法兰克福，这是德国甚至欧洲的金融中心，也是欧洲难得的高楼林立的城市。这里的现代建筑比柏林多得多，我们前往的法兰克福会展中心完全见不到老建筑，晃眼一看，觉得这里仿佛不是欧洲。

我们连行李没下就直奔法兰克福车展会场，对于租车出行来说，这样比较不合算，他们租车是按照每小时来收费。

参观法兰克福这一天，是"专业观众日"，我们是请参展商长安集团帮我们到处找的证件才得以进入的。这里要再赞一下长安了，他们是中国唯一一家参展商，展台上的CS95概念车，是我所见SUV概念车中最霸气外露的。

参观法兰克福车展，和国内车展有众多不同，最主要至少有这几点吧——

法兰克福车展的展馆，不完全是在一个大展馆里面分割成各个展厅，对于大众、奥迪、奔驰、宝马这样的大参展商，也许是本土企业得天独厚的优势吧，都是一家企业占据一个展馆，方便这几家企业进行展馆的整体设计，突出品牌本身的理念。

第二个不同，是没有车模！看了半天，只有起亚有一个车模对着我的镜头笑了笑，其余品牌全部都只有女性工作人员。据说他们认为车模是会影响大家看车的，这和国内车展动辄请车模露一腿完全不同，也不知道普通公众日会不会有变化。我后来看各汽车网站关于法兰克福车展的专题，车模展示也少之又少。

就像柏林消费电子展没有大喇叭安静展示一样，法兰克福车展不使用车模，也让我觉得耳目一新，觉得没车模确实比有车模好，特别是奔驰宝马这样的大展馆，不使用车模是有它的道理的。

奔驰、宝马、奥迪、大众，每个展馆都有自己独特的主题，有很多互动的展示。我个人最推崇的是奔驰馆，这个展馆我在里面花了一个半小时的时间，拍了几个GB的视频，感受是"震撼"二字。展馆进去是一个三层楼的空间，中间是空的，观众沿着展馆边缘的电梯上楼，展车摆在展厅三层楼的边缘位置。中间的空间是一个两层楼的

2

1.大众推出的超节能车XL1
2.全球首发的保时捷混动超跑918Spyder
3.阿尔法罗密欧新车4C
4.英菲尼迪Q30概念车
5.宝马全馆焦点的i8电动车,百公里加速只要4.5秒

1.这是婴儿车么?
2.捷豹f-type
3.4.两款改装车亮相
5.阿斯顿马丁,它只是一滴水

开车去柏林 **331**
DRIVING TO BERLIN

剧场，剧场的墙与地面几乎全部是电子屏，设有电影院般的观众席，剧场里的演员就是各种新款老款的奔驰车，在极其恢宏的背景画面中，新款奔驰车演绎危险情况下的自动制动、辅助泊车等功能。演绎分为"冰"、"火"等几幕，蓝色和红色形成主基调，在史诗般的画面中，一位女高音的影像现身墙上的电子屏中，她的手从右往左地平移，手过之处一辆奔驰轿车像被她托着同步移动，配合得天衣合缝，让观众席都爆发了"哇"的赞叹。

奔驰馆的演出是无缝持续的，任何时候前往都能看到这一幕或下一幕，这样的剧目下，车模能干什么呢？确实没有存在的价值。

宝马馆内部改造成了立交桥，进去就看到了一幕在立交桥上展开的警匪追车剧。观众参观路线是穿插在立交桥结构中的，这场追逐的好戏看得我站那儿不动。一会儿，剧情结束，几位警官亮相，原来是某个城市的警察局采购了宝马作为警车，现场演这么一段，然后宝马方面把车钥匙交给警方，现场还有不少媒体在记录这一时刻，宝马的设计感真是不错。

在主展区，宝马把自己的车按照"1-7"的系列号进行排列，最引人注目的，当然是首次亮相的"4"系，这是宝马全新推出的系列，包括宝马420、428等。

全馆最引人注目的，也是宝马本次展会力推的i8，这是宝马的一款升级版的混动车，最高时速能达到250公里，百公里加速只需要4.5秒就能达到，这在准备量产的电动车当中，是无与伦比的成绩了。宝马的i3作为此前的电动车明星，此次展会i3可以亲手驾驶。

奥迪馆也很有意思，在展馆门口，把法兰克福车展的缩写IAA都倒过来，展馆外立面是巨大的镜子，人看到的都是自己的镜像，而走进展馆，里面是从屋顶向下生长的城市高楼和树木，车行的道路也在屋顶，制造的完全是"逆世界"的效果。

想想大众、奥迪、奔驰、宝马都是德国制造，德国的工业水平确实让人佩服，而如此炫目的展厅设计，体现出守规矩的德国人其实一点也不古板。

展会上的豪车和概念车是非常多的。概念车的多少是判断车展档次的重要指标，法兰克福车展的概念车多得让人目不暇接。唯一的遗憾，是丰田等日系车、通用等美系车在展会上不大热情，明显是放弃了在展厅上和德系车这个老对手竞争。

一下午没看完这个展会，有好几个馆没去呢，这个世界第一的展会大得超乎寻常，而且从文字描述和用照片都难以体现出展会的精妙，只有等你自己来用眼睛记录了。

晚饭是在一家中式自助餐厅吃的，餐厅位于市中心，里面的中国人很多，看来法兰克福是中国人的主要目的地城市之一，不过来看了法兰克福车展的应该是极少，我的遗憾，是想去看看法兰克福证交所而没去成。

餐馆饭菜自助，13.9欧元每人，但大闸蟹要4欧元一只。有人说德国大闸蟹泛滥成灾，白捡没人吃，今天看到4欧元一只的价钱，这个市场应该是被无处不在的中国人捡起来了。

凡是在中国人餐馆的周围，必有"双立人"的刀具专卖店，生意都很好，价格，当然都偏贵。

黄昏中的法兰克福，一栋老建筑在维修，有意思的是，老建筑外面覆盖了一层无纺布，上面画着这栋老建筑曾经的模样，让街道没有因为这栋建筑的维修破坏了整体观感。

法兰克福的电车，也很有意思，看到几辆电车都画着童话故事，萌得很，像玩具。

最后一晚，就在机场附近住，明天回家了。

334 开车去柏林 DRIVING TO BERLIN

退税

DAY 46
9月15日
法兰克福到重庆

离开

在德国的最后一天，只做一件事情，坐飞机，离开，回国。

想想真是奇妙，我们花了45天开车到德国，却只用一天不到的时间，就要回到我们出发的地方。

坐飞机赚了时间，但在飞机上除了睡觉干不了个啥。开车到德国，看到了沿途的风景，那是6个国家的不同景致，还有那么多的笑脸。

旅程到了现在，不管是继续，还是回家，其实都难以兴奋起来了。连续多次改变时差，名义上为我们"赚取"了6个小时，但实际上，却是以牺牲休息时间为代价的。回去后，我们都长时间地倒不过来时差。大家后来分析，应该是我们一直处于"赚"一个两个小时的加速度中，现在忽然要倒转6个小时，再加上我们这一路上其实已经是极度疲劳，但又没有时间补瞌睡，所以当真正能够休息的时候，生物钟已经调整不过来了。

对于家或某个人的想念，这就不必说了。这是一趟太漫长的旅程，比12388公里更漫长的，是时间，是思念。

从我们的住所到法兰克福机场，半小时不到。欧洲每个机场在退税方面的尺度掌握各异，法兰克福机场是比较宽松的。你托运行李的时候要说明自己要退税，办理完登机手续后，到海关去办理退税事宜，在海关托运行李，然后到你对应的退税公司窗口去退税，这些窗口位置都在些边角的地方，但还是比较好找的。

法兰克福机场的免税店商品，价格是比较贵的，甚至比我们回到上海机场免税店看到的商品贵，建议少买。不过有一个专门区域是"Duty Free & Travel Value"优惠，价格是打过7折左右的，这就比较合算了，有的糖果和化妆品可以在这里淘。

好了，就说到这里吧，我们上飞机了，回去之后等待我们的是重庆火锅，好久没吃到麻辣味了。

如果你也要开车到德国，你有什么疑问，欢迎加我新浪微博"记录者涂源"，我们一起探讨；如果你要开车到另外的地方去，请叫上我。

后记

开车去德国之后，对于把车开出国这事儿，我有了更大的信心与兴趣。

人生本身就是一趟不可复制的旅程，而人这辈子，也需要一趟叫作"人生经历"的旅程，能够从你的家门，画出一道长长的、通往遥远目的地的线，老的时候，你能翻着照片，回忆起这条线上当年故事——那是一个有你车轮印记的完整故事。

这趟开车去德国的旅程，不是我一己之力所能完成的，感谢团队和同车的小伙伴，你们给了我一路的信心与快乐。

感谢国新办和重庆市新闻办的谋划，设计出了如此有意义的行动。

感谢德国驻华大使馆、俄罗斯驻华大使馆、波兰驻华大使馆、白俄罗斯驻华大使馆和哈萨克斯坦驻华大使馆的友情支持，也感谢中国驻德国、白俄罗斯、波兰、俄罗斯、哈萨克斯坦大使馆，以及德国驻成都总领事馆的热心帮助，你们为我们串起了友谊的桥梁。

还要感谢渝中区政府、沙坪坝区政府、重庆市旅游局及昌辉文化传播公司、重庆市经信委、重庆市物流办、渝新欧（重庆）物流公司、重庆西永微电子产业园开发公司的鼎力支持。

感谢为我们此次出行提供大力支持的长安集团、龙湖地产、中国平安、中国移动，以及铭鼎国际的全程服务，感谢力帆汽车俄罗斯公司提供的车辆境外保养服务。

感谢对本书传播提供莫大帮助的媒体同仁，中央电视台、新华社、中新社、人民网、重庆卫视、华龙网、旅游新报、重庆电台交通频率、音乐频率，特别要鸣谢《时尚旅游》、《凤凰周刊·生活》、《元素》等杂志的传播。

感谢左岸有梦人文艺术圈层对我的厚爱，你们给了我写这本书的力量。

最后，我要感谢我所在的媒体——重庆日报报业集团和重庆晨报！没有你，我找不到开车去德国的路径。

人生经历不可复制，如果有下一次，我希望，是——开！车！去！北！极！

诸位看官，我们下次见！